Die Silberpfeile:

Mercedes in der

Formel 1

bis

Etienne Psaila

Die Silberpfeile: Mercedes in der Formel 1

Dieses Buch ist Teil der Reihe "Automotive and Motorcycle Books" und jeder Band der Reihe wurde mit Respekt für die besprochenen Automobil- und Motorradmarken erstellt, wobei Markennamen und verwandte Materialien nach den Prinzipien der fairen Verwendung für Bildungszwecke verwendet werden. Ziel ist es, zu feiern und zu informieren und den Lesern eine tiefere Wertschätzung für die technischen Wunderwerke und die historische Bedeutung dieser ikonischen Marken zu vermitteln.

Coverdesign von Etienne PsailaInnenaufteilung von Etienne Psaila

Webseite: **www.etiennepsaila.com**
Kontakt: **etipsaila@gmail.com**

Inhaltsverzeichnis

Kapitel 1: Ursprünge und frühe Jahre

Vorstellung von Mercedes-Benz

Das Vermächtnis von Mercedes in der Formel 1 ist tief in der prestigeträchtigen Geschichte von Mercedes-Benz verwurzelt, einer Marke, die automobile Exzellenz verkörpert. Die Reise dieser ikonischen Marke begann im späten 19. Jahrhundert mit der Pionierarbeit von Gottlieb Daimler und Karl Benz, zwei der einflussreichsten Ingenieure ihrer Zeit. Jeder von ihnen arbeitete unabhängig voneinander und schuf einige der ersten Automobile, die den Grundstein für die Zukunft des motorisierten Verkehrs legten. Die Wege von Daimler und Benz führten schließlich zur Gründung der Daimler-Benz AG im Jahr 1926, einer Fusion, die die Daimler-Motoren-Gesellschaft mit Benz & Cie. zusammenführte.

Diese Fusion vereinte nicht nur zwei große

Automobilmächte, sondern führte auch zur Entstehung der Marke Mercedes-Benz, benannt nach Mercedes Jellinek, der Tochter von Emil Jellinek, einer einflussreichen Persönlichkeit in der Automobilindustrie, die eine entscheidende Rolle bei der anfänglichen Förderung und Spezifikation der Mercedes-Modelle spielte. Das neue Unternehmen etablierte sich schnell als Symbol für Innovation und Qualität im Automobilbau. Diese grundlegende Exzellenz bereitete den Weg für den Einstieg von Mercedes-Benz in den Motorsport, wo sie die Grenzen der Automobiltechnologie und -leistung weiter verschieben sollten.

Als Mercedes-Benz den Schritt in die Formel 1 wagte, trug die Marke ein Vermächtnis technischer Exzellenz und ein Engagement für Innovation mit sich. Diese geschichtsträchtige Vergangenheit war nicht nur eine Kulisse, sondern eine treibende Kraft, die ihre Herangehensweise an den Rennsport und ihre Wettbewerbsstrategien prägte. Der historische Kontext des Unternehmens und seine bahnbrechenden Anfänge in der Automobilindustrie haben maßgeblich dazu beigetragen, seine Identität in der Formel 1 zu schmieden und ein reiches Erbe mit einem zukunftsorientierten Ansatz für den Motorsport zu verbinden.

Frühe Rennversuche

Der Einstieg von Mercedes-Benz in den Motorsport erfolgte fast zeitgleich mit der Gründung und spiegelt das tiefe Engagement der Marke für Leistung und Innovation wider. Für Mercedes-Benz war der Motorsport weit mehr als ein Testgelände. es war eine wesentliche Säule seiner Philosophie: "Das Beste oder nichts". Dieses Engagement bot die Gelegenheit, die Überlegenheit und Zuverlässigkeit ihrer Fahrzeuge zu demonstrieren. Von Anfang an profilierte sich Mercedes-Benz im Rennsport mit Fahrzeugen mit leistungsstarken Motoren und wegweisenden Designs, die die Konkurrenz stets hinter sich ließen. Diese frühen

Erfolge im Motorsport unterstrichen nicht nur ihre technischen Fähigkeiten, sondern legten auch den Grundstein für ein dauerhaftes Vermächtnis im Rennsport.

Errungenschaften vor dem Zweiten Weltkrieg

Die Vorkriegszeit war für Mercedes-Benz eine Blütezeit im Motorsport. Das Unternehmen erzielte zahlreiche Siege bei prestigeträchtigen Rennen wie dem Großen Preis von Frankreich und der Targa Florio. In dieser Zeit wurden die Silberpfeile – so benannt nach ihren blanken Aluminiumkarosserien – zu einem Symbol für Dominanz und Ingenieurskunst. Die Silberpfeile waren nicht nur Autos; sie waren ein Statement technologischer Überlegenheit und Nationalstolz.

Eine der bemerkenswertesten Persönlichkeiten dieser Ära war Rudolf Caracciola, der in den 1930er-Jahren für Mercedes-Benz dreimal die Fahrer-Europameisterschaft gewann. Sein Können und seine Tapferkeit, kombiniert mit der technischen Qualität der Mercedes-Fahrzeuge, schufen ein Vermächtnis, das die Marke jahrzehntelang beeinflussen sollte.

Der Ausbruch des Zweiten Weltkriegs brachte alle Motorsportaktivitäten in Europa abrupt zum Erliegen, und Mercedes-Benz verlagerte seinen Fokus auf die Kriegsproduktion. Die Nachkriegswelt sah deutlich anders aus, und es sollte Jahre dauern, bis Mercedes-Benz wieder an die Spitze des Rennsports zurückkehrte.

Diese frühe Zeit legte den Grundstein für das, was zu einem geschichtsträchtigen Engagement in der Formel 1 werden sollte. Es unterstrich das Engagement der Marke für Innovation, Exzellenz und das unermüdliche Streben nach Siegen - Themen, die in ihrer Geschichte nachhallen und auch heute noch ihr Ethos in der Welt der Formel 1 definieren.

Während wir diese Gründungsjahre hinter uns lassen, wartet der Wiederaufstieg von Mercedes-Benz im Motorsport nach dem Krieg, geprägt von neuem Ehrgeiz und einer Landschaft, die sich durch globale Ereignisse drastisch verändert hat. Die Bühne war bereit für eine triumphale Rückkehr, die nicht nur das Erbe des Rennsports wiederbeleben, sondern auch für eine neue Ära neu definieren sollte.

Kapitel 2: Wiederaufstieg nach dem Krieg

Rückkehr zum Rennsport: Die 1950er Jahre

Nach den Wirren des Zweiten Weltkriegs begann Mercedes-Benz mit dem schrittweisen Wiederaufbau seiner Industriebetriebe und der Wiederbelebung der Leidenschaft für den Motorsport. Die 1950er Jahre entwickelten sich zu einem entscheidenden Jahrzehnt für das Unternehmen und signalisierten sein energisches und fokussiertes Comeback auf den Rennstrecken. Diese Ära war besonders durch den Wiedereinstieg von Mercedes-Benz in die Formel 1 im Jahr 1954 gekennzeichnet, ein Schritt, der das Engagement des Unternehmens unterstrich, seine Position an der Spitze der automobilen Innovation und des Wettbewerbs zurückzuerobern.

Das Fahrzeug, das die Rückkehr von Mercedes-Benz

in die Formel 1 einläutete, war der W196, der schnell zu einem Symbol für fortschrittliche Automobiltechnik und technologische Leistungsfähigkeit wurde. Der W196 zeichnete sich durch mehrere bahnbrechende Merkmale aus, vor allem durch seinen Motor mit Kraftstoffeinspritzung, der einen bedeutenden Fortschritt gegenüber den damals vorherrschenden Vergasermotoren darstellte. Diese Innovation ermöglichte eine effizientere Kraftstoffzufuhr und verbesserte Leistung und setzte einen neuen Standard in der Konstruktion von Rennmotoren.

Zusätzlich zu seinen mechanischen Innovationen führte der W196 auch mehrere aerodynamische Verbesserungen ein, die ihrer Zeit voraus waren. Diese Funktionen wurden entwickelt, um den Luftwiderstand zu reduzieren und die Stabilität des Fahrzeugs bei hohen Geschwindigkeiten zu verbessern, wodurch seine Leistung auf der Rennstrecke weiter verbessert wurde. Die Kombination aus leistungsstarkem, kraftstoffsparendem Motor und aerodynamischem Design ermöglichte es dem W196, die Konkurrenz zu dominieren und den Ruf von Mercedes-Benz als führendes Unternehmen sowohl bei technologischer Innovation als auch im Rennsport in dieser transformativen Phase der Unternehmensgeschichte zu festigen.

Juan Manuel Fangio und die Silberpfeile

Das Wiederaufleben von Mercedes in der Formel 1 wurde durch die Verpflichtung von Juan Manuel Fangio markant markiert, einem beeindruckenden argentinischen Fahrer, dessen Fähigkeiten seinen Status als Legende des Sports weiter festigen sollten. Fangio war bereits in den frühen Jahren der Formel-1-Weltmeisterschaft eine prominente Figur und passte ideal zu Mercedes-Benz, einem Team, das seine Rückkehr mit einem Paukenschlag feiern wollte. Seine Ankunft bei Mercedes fiel mit dem erneuten Fokus des Teams auf die Behauptung seiner Dominanz im Motorsport zusammen, was die

Partnerschaft zu einer epochalen Ausrichtung der Ambitionen machte.

In den Saisons 1954 und 1955 bildeten Fangio und Mercedes-Benz eine unaufhaltsame Kraft. Fangio gewann in beiden Jahren die Weltmeisterschaft und demonstrierte damit nicht nur die überlegene Technologie des Autos, sondern auch sein eigenes unübertroffenes fahrerisches Können. Seine Siege trugen nicht nur zu seinem persönlichen Vermächtnis bei, sondern auch zur Stärkung des Ansehens der Silberpfeile – der Spitzname der Mercedes-Benz Rennwagen, die auf die silbernen Vorkriegsgiganten des Grand-Prix-Rennsports zurückgingen. In dieser Zeit der Dominanz ging es nicht nur darum, Rennen zu gewinnen; Es war ein Statement technologischer und wettbewerbsfähiger Überlegenheit, das in der Motorsportwelt widerhallte.

Fangios Einfluss ging über seine technischen Fähigkeiten hinaus, da er eine wichtige Rolle bei der Teamstrategie und -entwicklung spielte. Sein tiefes Verständnis für Renndynamik und Fahrzeugleistung half Mercedes-Benz dabei, seine Fahrzeuge auf einen außergewöhnlichen Standard zu bringen. Unter seiner Führung waren die Silberpfeile nicht nur schnelle, sondern auch bemerkenswert präzise Maschinen, die neue Maßstäbe in der Integration von Ingenieurskunst und Rennstrategie setzten.

Die ikonische silberne Farbe der Mercedes-Benz-Autos, ursprünglich eine praktische Wahl, um das Gewicht durch den Verzicht auf weiße Farbe zu reduzieren, war zu Fangios Ära zu einem Symbol für den Rennsport-Stammbaum der Marke geworden. Die Silberpfeile, die unter Fangios Kontrolle standen, waren mehr als nur Rennwagen; sie waren ein starkes Symbol für Geschwindigkeit, Innovation und Motorsport-Exzellenz. Diese Ära festigte den legendären Status von Fangio und Mercedes-Benz in den Annalen der Formel-1-Geschichte, stärkte das globale Profil des Sports und setzte einen hohen

Standard für Wettbewerb und technologischen Fortschritt.

Durch seine Zusammenarbeit mit Mercedes-Benz gewann Fangio nicht nur Rennen; Er hob die technischen und wettbewerbsorientierten Aspekte des Formel-1-Rennsports auf ein neues Niveau. Seine Amtszeit mit dem Team bleibt eines der berühmtesten Kapitel in der Geschichte des Sports und zeigt eine Partnerschaft, die über die typischen Rennbemühungen hinausging und neu definierte, was auf der Formel-1-Strecke möglich war.

Rückzug aus dem Motorsport

Die Mitte der 1950er-Jahre markiert eine prägende Zeit in der Geschichte von Mercedes-Benz im Motorsport, die von beispiellosen Erfolgen und plötzlichen, tiefgreifenden Tragödien geprägt ist. Der Höhepunkt dieser Ära wurde abrupt von der Katastrophe von Le Mans 1955 überschattet, einem katastrophalen Ereignis, das die Zukunft des

Rennsports veränderte. Während dieses Rennens wurde ein Mercedes-Benz 300 SLR, gefahren von Pierre Levegh, in einen der verheerendsten Unfälle der Motorsportgeschichte verwickelt, bei dem das Fahrzeug in die Menge krachte und über 80 Zuschauer starben. Diese Tragödie warf nicht nur einen langen, dunklen Schatten auf die Motorsport-Community, sondern führte auch zu einer deutlichen Neubewertung der Sicherheitsstandards im Rennsport.

Als Reaktion auf dieses Desaster trifft Mercedes-Benz die schwierige Entscheidung, sich am Ende der Saison 1955 komplett aus dem Motorsport zurückzuziehen. Diese Entscheidung wurde durch eine Kombination von Faktoren beeinflusst, darunter eine Neubewertung der strategischen Ziele des Unternehmens im Kontext des Motorsports und ein neu geschärftes Bewusstsein für die mit dem Hochgeschwindigkeitsrennsport verbundenen Gefahren. Dieser Schritt wurde auch durch die öffentlichen und unternehmerischen Auswirkungen nach der Tragödie beeinflusst, da der Vorfall eine breitere Diskussion über die ethischen Implikationen und Sicherheitsbedenken des Motorsports auslöste.

Der Rückzug markierte das Ende eines spektakulär erfolgreichen, aber kurzen Kapitels in der Motorsportgeschichte von Mercedes-Benz. Diese Zeit war geprägt von technologischer Innovation und Rennerfolgen, die die Fähigkeit des Unternehmens unter Beweis stellten, auf der Weltbühne zu dominieren. Es zeigte aber auch den Respekt von Mercedes-Benz vor den Risiken, die mit dem Rennsport verbunden sind, und erkannte an, dass im Wettbewerb äußerst viel auf dem Spiel stand.

Die Auswirkungen des Rückzugs waren tiefgreifend und lang anhaltend. Mehrere Jahrzehnte, genauer gesagt bis in die 1980er Jahre, blieb Mercedes-Benz weitgehend vom direkten Engagement im Motorsport abwesend. Das Unternehmen kehrte vorsichtig in die Rennwelt zurück, zunächst durch die Lieferung von Motoren an andere Teams, anstatt eigene einzusetzen. Dieser schrittweise Ansatz spiegelte eine sorgfältige Strategie wider, die darauf abzielte, das Erbe der Marke im Rennsport mit dem Engagement für Sicherheit und ethische Überlegungen in Einklang zu bringen.

Schließlich führte diese vorsichtige Wiedereinbindung dazu, dass Mercedes-Benz als vollwertiger Konstrukteur zurückkehrte und eine neue Ära in seiner Renngeschichte einläutete. Diese schrittweise Rückkehr in die Formel 1 ermöglichte es Mercedes-Benz, sich wieder in den Motorsport zu integrieren und sich erneut auf Innovation, Sicherheit und Wettbewerbsfähigkeit zu konzentrieren. Diese Zeit unterstrich den unverwüstlichen Geist und die anhaltende Leidenschaft des Unternehmens für den Rennsport, gemildert durch ein reifes Verständnis für die Verantwortung, die mit der Teilnahme an einem so wichtigen Sport einhergeht.

Kapitel 3: Rolle als Motorenlieferant

Frühe Partnerschaften in den 1990er Jahren

Mercedes-Benz begann in den frühen 1990er Jahren, einer Zeit, die von technologischen Fortschritten und einer zunehmenden Kommerzialisierung des Sports geprägt war. Das Unternehmen stieg vorsichtig nicht als Konstrukteur, sondern als Motorenlieferant in die Formel 1 ein, ein strategischer Schritt, der es ihm ermöglichte, seine technischen Fähigkeiten zu nutzen und gleichzeitig die mit einem vollwertigen Teambetrieb verbundenen Risiken zu minimieren. 1994 ging Mercedes-Benz eine Partnerschaft mit dem Schweizer Team Sauber ein, um Motoren zu liefern. Diese Partnerschaft war entscheidend und markierte die Rückkehr von Mercedes-Benz in die Formel 1 nach fast vier Jahrzehnten.

Zusammenarbeit mit McLaren

Die Mitte der 1950er-Jahre markiert einen entscheidenden Moment in der Geschichte von Mercedes-Benz im Motorsport, der sowohl von außergewöhnlichen Triumphen als auch von einer plötzlichen, tief sitzenden Tragödie geprägt ist. Diese Zeit erreichte ihren Höhepunkt, wurde aber durch die Ereignisse der Le-Mans-Katastrophe von 1955 auf tragische Weise unterbrochen. Während dieses Rennens wurde ein Mercedes-Benz 300 SLR, pilotiert von Pierre Levegh, in einen der katastrophalsten Unfälle in der Geschichte des Motorsports verwickelt, bei dem das Auto in den Zuschauerbereich krachte und über 80 Zuschauer ums Leben kamen. Dieses erschütternde Ereignis warf einen tiefen und dauerhaften Schatten auf die Motorsport-Community und führte zu einer umfassenden Neubewertung der Sicherheitsprotokolle und -standards innerhalb des Sports.

Nach diesem Desaster steht Mercedes-Benz vor einer schweren Entscheidung und zieht sich am Ende der Saison 1955 ganz aus dem Motorsport zurück. Diese Entscheidung wurde von mehreren Faktoren beeinflusst, darunter eine kritische Neubewertung der strategischen Ziele des Unternehmens im Bereich des Motorsports und ein erhöhtes Bewusstsein für die erheblichen Risiken, die mit dem Hochgeschwindigkeitssport verbunden sind. Die Auswirkungen der Tragödie, sowohl in der Öffentlichkeit als auch in der Wirtschaft, trieben diese Entscheidung weiter voran, da sie eine breitere Debatte über die ethischen Implikationen und Sicherheitsbedenken im Zusammenhang mit dem Motorsport auslöste.

Dieser Rückzug markierte den Abschluss eines unglaublich erfolgreichen, aber kurzen Kapitels in der Geschichte des Engagements von Mercedes-Benz im Motorsport. Die Ära war geprägt von bemerkenswerten technologischen Innovationen und beachtlichen Rennerfolgen, die die Fähigkeit von Mercedes-Benz unter Beweis stellten, die globale Rennbühne zu dominieren. Es unterstrich jedoch auch den Respekt des Unternehmens für die inhärenten Gefahren des Rennsports und erkannte die außergewöhnlich hohen Einsätze an.

Die Auswirkungen dieses Rückzugs waren erheblich und hatten lang anhaltende Auswirkungen. Mehrere Jahrzehnte, insbesondere bis in die 1980er Jahre, hielt sich Mercedes-Benz weitgehend vom direkten Engagement im Motorsport fern. Das Unternehmen begann schließlich einen vorsichtigen Wiedereinstieg in die Rennwelt und entschied sich zunächst dafür, Motoren an andere Teams zu liefern, anstatt eigene einzusetzen. Dieser maßvolle Ansatz war bezeichnend für eine umfassendere Strategie, die darauf abzielte, das reiche Erbe der Marke im Rennsport mit einem erneuerten Engagement für Sicherheit und ethische Überlegungen in Einklang zu bringen.

Diese vorsichtige Wiedereingliederung führte schließlich dazu, dass Mercedes-Benz als vollwertiger Konstrukteur zurückkehrte und ein neues Kapitel in seiner Renngeschichte einläutete. Dieser schrittweise Ansatz ermöglichte es Mercedes-Benz, sich im Motorsport wieder zu behaupten und den Fokus auf Innovation, Sicherheit und Wettbewerbsfähigkeit zu legen. Diese Ära unterstrich nicht nur den unverwüstlichen Geist und die anhaltende Leidenschaft des Unternehmens für den Rennsport, sondern spiegelte auch ein reifes Verständnis für die Verantwortung wider, die mit der Teilnahme an einem so wichtigen Sport verbunden ist.

Erfolge und Herausforderungen

Die Zusammenarbeit zwischen Mercedes-Benz und McLaren in den frühen 2000er Jahren war eine Zeit, die von bedeutenden Erfolgen geprägt war, aber auch voller Herausforderungen war. Diese Partnerschaft war zwar weitgehend erfolgreich, navigierte aber durch eine komplexe Landschaft von Triumphen und Prüfungen. In diesen Jahren gelang es der Allianz, zahlreiche Siege und Podiumsplätze zu erringen, was die Wettbewerbsfähigkeit und Ingenieurskunst der Mercedes-Benz Motoren unterstreicht, die für ihre robuste Leistung und Effizienz gefeiert wurden.

Das hart umkämpfte Umfeld der Formel 1 erforderte jedoch eine kontinuierliche Weiterentwicklung und Anpassung. Gelegentlich traten Zuverlässigkeitsprobleme auf, die die Widerstandsfähigkeit und den Einfallsreichtum der Partnerschaft auf die Probe stellten. Diese Herausforderungen waren nicht nur Hindernisse, sondern auch Wachstums- und Verbesserungschancen, die sowohl McLaren als auch Mercedes-Benz dazu veranlassten, ihre technischen Strategien und Lösungen kontinuierlich zu verbessern.

Diese Ära prägte maßgeblich die Zukunft von

Mercedes-Benz in der Formel 1. Die Zusammenarbeit mit McLaren verschaffte Mercedes-Benz wichtige Einblicke in die Feinheiten des Teambetriebs, die Nuancen der Fahrzeugentwicklung und die komplexe Logistik, die im Formel-1-Rennsport erforderlich ist. Diese Erfahrungen waren von unschätzbarem Wert und legten eine solide Grundlage für Mercedes-Benz, um sich als unabhängiges Formel-1-Team neu zu etablieren.

Die Lektionen, die wir in dieser Zeit der Zusammenarbeit mit McLaren gelernt haben, waren entscheidend. Sie bereicherten nicht nur das Verständnis von Mercedes-Benz für den Sport, sondern statteten das Unternehmen auch mit den notwendigen Werkzeugen und Kenntnissen aus, um das nächste Kapitel in der Formel 1 aufzuschlagen. Diese Vorarbeit war von entscheidender Bedeutung, als Mercedes-Benz ein eigenes Team gründete und die reichen Erkenntnisse und Erfahrungen aus der Partnerschaft nutzte, um seine zukünftigen Bemühungen in der hart umkämpften Arena des Formel-1-Rennsports zu steuern.

Kapitel 4: Rückkehr als Konstrukteur

Der Kauf von Brawn GP

Ende 2009 traf Mercedes-Benz eine strategische und mutige Entscheidung, die seinen Kurs in der Formel 1 erheblich verändern sollte. Mercedes-Benz ergriff eine transformative Gelegenheit und erwarb Brawn GP, das Team, das in diesem Jahr gerade die Konstrukteurs- und Fahrerweltmeisterschaft gewonnen hatte. Diese Übernahme markierte mehr als nur einen Eigentümerwechsel; Es war eine tiefgreifende Reinvestition in den Kern des Formel-1-Rennsports, die das erneute Engagement von Mercedes-Benz für den Sport widerspiegelte.

Der Kauf von Brawn GP war ein bewusster Schritt, um Mercedes-Benz wieder als vollwertigen Konstrukteur in der Formel 1 zu etablieren, ein ehrgeiziger Schritt, der darauf abzielte, die bestehenden Stärken eines Meisterteams zu nutzen. Durch die Integration der bewährten Fähigkeiten von Brawn GP mit den umfangreichen Ressourcen und dem technischen Know-how von Mercedes-Benz wurde die Akquisition als Katalysator für zukünftige Erfolge unter dem Mercedes-Banner positioniert.

Nach der Übernahme durchlief das Team ein bedeutendes Rebranding und wechselte von Brawn GP zu Mercedes GP. Diese Änderung war nicht nur kosmetisch, sondern symbolisch und läutete eine neue Ära für das Team unter dem legendären Silberpfeil-Banner ein. Die Silberpfeile, ein Name, der in der illustren Rennsportgeschichte von Mercedes-Benz verwurzelt ist, wurden wiederbelebt, um eine Rückkehr zum Rennsporterbe der Marke und ihrem Streben nach zukünftiger Dominanz in der Formel 1 zu signalisieren.

Bei diesem strategischen Schritt von Mercedes-Benz

ging es nicht nur darum, das Erbe eines erfolgreichen Teams fortzusetzen, sondern auch darum, ein neues Narrativ in der Formel 1 zu schaffen, das tief in der Geschichte und Identität von Mercedes-Benz verwurzelt ist. Die Übernahme ebnete die Voraussetzungen für ein neues Kapitel in den geschichtsträchtigen Annalen von Mercedes-Benz im Motorsport und verspricht eine Verschmelzung von vergangenem Ruhm mit neuen Ambitionen in der Welt des Formel-1-Rennsports.

Aufbau eines neuen Teams

Die Transformation von Brawn GP zu Mercedes GP markierte eine entscheidende Umstrukturierungsphase innerhalb des neu formierten Teams. Bei diesem Übergang ging es nicht nur um ein Rebranding, sondern auch um einen tiefgreifenden, grundlegenden Neuaufbau, um den langfristigen Ambitionen von Mercedes-Benz in der Formel 1 gerecht zu werden. Schlüsselpersonal von Brawn GP, darunter der hoch angesehene Ross Brawn als Teamchef, wurde beibehalten, was für Kontinuität und unschätzbare Erfahrung sorgt. Ihr Wissen über die Dynamik und die bisherigen Erfolge des Teams wurde für das neue Kapitel unter dem Banner von Mercedes als unerlässlich erachtet.

Mercedes GP behielt nicht nur einige seiner Kernmitglieder, sondern begrüßte auch eine Welle neuer Talente in verschiedenen Abteilungen. Dieser Zustrom von frischem Fachwissen war entscheidend, da das Team versuchte, innovative Ideen und modernste Fähigkeiten in seine Geschäftstätigkeit einfließen zu lassen. Mercedes-Benz wollte in der Formel 1 nicht nur antreten, sondern auch führend sein, was eine deutliche Erhöhung der Investitionen in Technologie und Anlagen erforderte.

Diese strategische Verbesserung betraf jeden Aspekt der Arbeit des Teams. Besonderes Augenmerk wurde auf Aerodynamik und

Fahrwerkstechnik gelegt, Bereiche, die aufgrund ihres direkten Einflusses auf die Leistung eines Autos für den Erfolg in der Formel 1 entscheidend sind. Die Entwicklung von Power Units war ein weiterer Bereich, in dem die intensive Entwicklung von Mercedes-Benz zum Ausdruck kam, die das Know-how von Mercedes-Benz und seinen Wunsch widerspiegelte, fortschrittliche Technik zu nutzen, um überlegene Leistung zu erzielen. Darüber hinaus wurde der Rennbetrieb rationalisiert und gestärkt, um sicherzustellen, dass die Strategieumsetzung während der Grands Prix präzise und effektiv war.

Das Ziel war klar und ehrgeizig: ein Team aufzubauen, das nicht nur in der Lage ist, Rennen zu gewinnen, sondern auch eines, das im Laufe der Zeit an der Spitze des Motorsports erfolgreich sein kann. Diese Vision erforderte eine Mischung aus technologischem Fortschritt, strategischer Weitsicht und operativer Exzellenz. Mercedes-Benz nutzte seine enormen Ressourcen und sein reiches

Erbe in der Technik, um Mercedes GP zu einem beeindruckenden Konkurrenten in der Formel 1 zu machen und die Voraussetzungen für eine Zukunft mit vielversprechenden Perspektiven und aufregenden Erfolgen in diesem Sport zu schaffen.

Die Rolle von Ross Brawn und Nick Fry

Ross Brawn und Nick Fry waren zentrale Figuren in der Transformation und den frühen Betriebsphasen von Mercedes GP und spielten jeweils eine entscheidende Rolle, die die Entwicklung des Teams prägte. Ross Brawn, ein erfahrener Stratege und Ingenieur, der für seine früheren Erfolge in der Formel 1 bekannt ist, war beim Übergang von Brawn GP zu Mercedes GP maßgeblich beteiligt. Sein tiefes Verständnis des Sports und sein strategisches Verständnis waren von unschätzbarem Wert, um das Team in seinen Gründungsjahren zu stabilisieren und die Prinzipien festzulegen, die seine zukünftige Ausrichtung leiten würden.

Als Teamchef trug Brawns Expertise in den Bereichen Rennstrategie und Teammanagement dazu bei, eine fokussierte und effektive Teamkultur zu kultivieren, die technologische Innovation und kohärente Teamdynamik in den Vordergrund stellte. Seine Führung war entscheidend für die Bewältigung der Herausforderungen, die mit der Wiedergründung eines Teams mit einem so geschichtsträchtigen Erbe in der wettbewerbsorientierten Arena der Formel 1 einhergehen.

Nick Fry, der als CEO fungierte, ergänzte die technischen und strategischen Fähigkeiten von Brawn, indem er die geschäftlichen und operativen Aspekte des Teams leitete. Frys Aufgabe bestand darin, sicherzustellen, dass Mercedes GP nicht nur auf der Strecke konkurrenzfähig, sondern auch kommerziell erfolgreich und nachhaltig war. Sein Management trug dazu bei, die notwendigen Ressourcen für die Entwicklung zu sichern und förderte Partnerschaften, die die kommerzielle

Attraktivität und finanzielle Stabilität des Teams erhöhten.

Unter der Leitung von Brawn und Fry zeigte Mercedes GP spürbare Verbesserungen. Die ersten Saisons in den Jahren 2010 und 2011 brachten zwar keine sofortigen Siege, waren aber grundlegend für die Stärkung der Fähigkeiten und des Wettbewerbsvorteils des Teams. Diese Phase des Aufbaus und des schrittweisen Fortschritts gipfelte 2012 in einem bedeutenden Durchbruch mit einem Sieg beim Großen Preis von China, dem ersten Sieg des Teams seit der Rückkehr von Mercedes-Benz in die Formel 1 als vollwertiger Konstrukteur. Dieser Sieg war nicht nur ein Meilenstein, sondern auch ein Beweis für die effektive Zusammenarbeit und die stetigen Verbesserungen, die das Führungsduo vorangetrieben hat.

Diese Ära war entscheidend, da sie die Entschlossenheit und das Engagement von Mercedes-Benz für seine Formel-1-Bemühungen auf die Probe stellte. Die strategischen Entscheidungen, die in diesen frühen Jahren getroffen wurden – Investitionen in Schlüsselpersonal, Konzentration auf technologische Fortschritte und Verfeinerung der Rennstrategien – legten eine solide Grundlage für die Zukunft des Teams. Diese Bemühungen zeigten das Engagement von Mercedes-Benz für Spitzenleistungen und unterstrichen den Ehrgeiz, an die Spitze des Sports zurückzukehren, und spiegeln das langjährige Erbe der Marke wider, führend und innovativ im Automobilbau zu sein.

Kapitel 5: Die Dominanz der Hybrid-Ära

Einführung der Hybridtechnologie in der Formel 1

Die Saison 2014 markierte mit der Einführung von Turbo-Hybrid-Motoren einen bedeutenden Wandel in der Formel 1. Dieses neue Reglement war ein Wendepunkt, der sich auf nachhaltigere Renntechnologie konzentrierte. Das Mercedes-AMG Petronas Formel-1-Team stand an der Spitze dieser technologischen Revolution, das auf jahrelange Vorbereitung und das Know-how der fortschrittlichen Antriebssparte von Mercedes-Benz setzte. Ihr neues Triebwerk, der PU106A Hybrid, war nicht nur leistungsstark, sondern setzte auch neue Maßstäbe für Energieeffizienz im Sport.

Ankunft von Lewis Hamilton

Die Ankunft von Lewis Hamilton bei Mercedes im Jahr 2013 markierte einen Wendepunkt für das Team, als die Formel 1 kurz vor dem Eintritt in die Hybrid-Ära stand. Hamilton, der sich bereits als Weltmeister etabliert hatte, brachte nicht nur Können und Erfahrung mit, sondern auch einen Kampfgeist, der die Präsenz von Mercedes in der Formel 1 neu definieren sollte. Sein Eintritt in das Team kam zur rechten Zeit und stand im Einklang mit den strategischen Ambitionen von Mercedes, den Sport unter dem neuen technischen Reglement zu dominieren, das die Hybridtechnologie in den Vordergrund stellt.

Hamiltons Partnerschaft mit Nico Rosberg, der seit der Neugründung und dem Wiedereinstieg in die Formel 1 im Jahr 2010 ein wesentlicher Bestandteil des Teams war, wurde schnell zu einer der am meisten diskutierten Dynamiken im Sport. Beide Fahrer waren außergewöhnlich talentiert, aber es war ihre Kombination aus gegensätzlichen Stilen und Rennansätzen, die eine Synergie schuf, die die Leistung von Mercedes nach vorne trieb. Hamiltons aggressives und instinktives Fahren ergänzte Rosbergs methodische und analytische Herangehensweise und machte sie zu einem beeindruckenden Paar auf der Strecke.

Dieses dynamische Duo trieb sich gegenseitig zu Höchstleistungen an und steigerte die Gesamtleistung des Teams. Hamiltons Einfluss innerhalb des Teams war sowohl tiefgreifend als auch unmittelbar. Seine Fähigkeit, die maximale Leistung aus dem Auto herauszuholen, gepaart mit seinem unermüdlichen Streben nach dem Sieg, elektrisierte das Team. Hamiltons Denkweise, die von einem tiefen Engagement für den Sieg und ständiger Verbesserung geprägt ist, durchdrang das gesamte Team und setzte neue Maßstäbe für Exzellenz und Ehrgeiz.

Hamiltons Ankunft brachte auch einen erneuten

Fokus auf die Entwicklung der Fähigkeiten des Autos, insbesondere auf die Optimierung der Leistung der Hybrid-Antriebseinheiten, die nun den Kern des technischen Reglements der Formel 1 bildeten. Sein Feedback und seine Erkenntnisse waren von unschätzbarem Wert für die Feinabstimmung des Designs und der Funktionalität des Fahrzeugs und richteten die technischen Entwicklungen eng an seinem aggressiven Fahrstil aus, der eine Mischung aus Geschwindigkeit, Effizienz und Zuverlässigkeit erforderte.

Die Auswirkungen von Hamiltons Wechsel zu Mercedes waren schnell offensichtlich. Das Team sammelte Siege und Podiumsplätze mit bemerkenswerter Konstanz, forderte die etablierte Ordnung des Sports heraus und kletterte sowohl in der Konstrukteurs- als auch in der Fahrerwertung schnell nach oben. Seine Anwesenheit steigerte nicht nur den Wettbewerbsvorteil des Teams, sondern erhöhte auch seine Sichtbarkeit und Marktfähigkeit in der Welt der Formel 1.

Insgesamt ging es bei Lewis Hamiltons Ankunft bei Mercedes nicht nur darum, einen talentierten Fahrer in die Mannschaft aufzunehmen, sondern auch darum, das Team in ein Kraftpaket der Formel 1 zu verwandeln. Seine Siegermentalität und sein fahrerisches Können wurden zu einem zentralen Bestandteil der Strategie und der Erfolge des Teams und spielten eine Schlüsselrolle für den Aufstieg und die anhaltende Dominanz von Mercedes in der Hybrid-Ära der Formel 1.

Dominanz in der Konstrukteurs- und Fahrer-Weltmeisterschaft

Ab 2014 begann für das Mercedes-AMG Petronas Formel 1 Team eine bemerkenswerte Ära der Dominanz, die zu einer der beeindruckendsten Perioden in der Geschichte der Formel 1 geworden ist. Diese Dominanz begann, als das Team 2014 sowohl die Konstrukteurs- als auch die Fahrermeisterschaft gewann, eine Leistung, die sie in den folgenden Saisons – 2015, 2016, 2017, 2018, 2019 und 2020 – bemerkenswerterweise wiederholten. Diese Ära war geprägt von Mercedes' beispielloser Ingenieurskunst, strategischer Exzellenz und außergewöhnlichen Fahrerleistungen, insbesondere von Lewis Hamilton.

Die Einführung der V6-Turbo-Hybridmotoren im Jahr 2014 markierte eine bedeutende regulatorische Änderung, die darauf abzielte, nachhaltigere Rennpraktiken zu fördern. Mercedes war auf diesen Wandel in einzigartiger Weise vorbereitet, da es lange vor seiner Einführung stark in die Hybridtechnologie investiert hatte. Die Leistungsfähigkeit ihrer Power Unit, kombiniert mit Fortschritten bei Fahrwerk und Aerodynamik, hob Mercedes von der Konkurrenz ab. Jedes Jahr verfeinerte das Team sein Auto weiter und konzentrierte sich auf die Verbesserung von Leistung, Zuverlässigkeit und Effizienz, was es ihnen ermöglichte, sich schnell und effektiv an laufende regulatorische Anpassungen anzupassen und einen Wettbewerbsvorteil zu erhalten.

Die interne Rivalität zwischen Lewis Hamilton und Nico Rosberg, die von 2013 bis 2016 Teamkollegen waren, war ein weiterer entscheidender Faktor für die Dominanz von Mercedes. Beide Fahrer brachten sich gegenseitig an ihre Grenzen und steigerten ihre Leistungen auf ein außergewöhnliches Niveau. Diese Wettbewerbsdynamik führte zu einer Reihe von denkwürdigen Momenten auf der Strecke, die sowohl von intensiver Rivalität als auch von professionellem Respekt geprägt waren. Der Wettbewerb erreichte 2016 seinen Höhepunkt, in einer dramatischen Saison, in der Rosberg und Hamilton erbittert um den Meistertitel kämpften. Die Spannung und der Wettbewerb gipfelten beim Saisonfinale in Abu Dhabi, wo Rosberg die Fahrer-Weltmeisterschaft mit einem zweiten Platz hinter Hamilton gewann, was ausreichte, um seinen Teamkollegen in der Gesamtwertung um nur fünf Punkte zu verdrängen.

Nach seinem Meisterschaftsgewinn traf Nico Rosberg die überraschende Entscheidung, sich aus der Formel 1 zurückzuziehen, und schloss damit das Kapitel einer der fesselndsten Rivalitäten des Sports. Dieser Abgang markierte das Ende einer Ära für Mercedes, läutete aber auch den Beginn einer neuen Phase ein, in der Lewis Hamilton die Rolle der Hauptfigur des Teams übernahm. Hamiltons Führungsqualitäten und Fähigkeiten trieben den Erfolg des Teams weiter voran und halfen Mercedes, seine Position an der Spitze der

Formel 1 zu behaupten.

Die Strategie von Mercedes in dieser Zeit bestand nicht nur darin, die technische Überlegenheit aufrechtzuerhalten, sondern auch ein Teamumfeld zu fördern, das in der Lage ist, langfristig erfolgreich zu sein. Dazu gehörte die Förderung von Talenten sowohl auf als auch neben der Rennstrecke, einschließlich der Entwicklung von Ingenieuren, Strategen und Betreuern, die alle eine wesentliche Rolle bei den Erfolgen des Teams spielten.

Das schiere Ausmaß der Dominanz von Mercedes in diesen Jahren spiegelt sich in der Anhäufung von Titeln und Rekorden wider und setzt neue Maßstäbe für Spitzenleistungen in diesem Sport. Diese Zeit hat nicht nur das Vermächtnis von Mercedes-Benz in der Formel 1 gestärkt, sondern auch die Richtung und das Reglement des Sports maßgeblich beeinflusst und gezeigt, welchen tiefgreifenden Einfluss die Innovation und Wettbewerbsfähigkeit eines einzelnen Teams auf die globale Bühne des

Motorsports haben kann.

Kontinuierliche Entwicklung und Erfolg

Nach dem Ausscheiden von Nico Rosberg Ende 2016 setzte Mercedes sein unermüdliches Streben nach Exzellenz und Innovation in der Formel 1 fort. Die Fähigkeit des Teams, sich weiterzuentwickeln und sich an Veränderungen innerhalb des Sports anzupassen, sorgte für seinen anhaltenden Erfolg. Lewis Hamiltons Rolle als führender Fahrer wurde weiter gefestigt, und die Einführung von Valtteri Bottas als sein neuer Teamkollege im Jahr 2017 verlieh dem Team eine neue Dynamik. Bottas brachte neue Energie und Wettbewerbsfähigkeit, trug zur anhaltenden Exzellenz des Teams bei und stärkte seine Position an der Spitze des Sports weiter.

Die Post-Rosberg-Ära war geprägt von Mercedes' proaktivem Ansatz zur Förderung aufstrebender Talente. Dieses Engagement erstreckte sich über das Cockpit hinaus, einschließlich Ingenieuren und Support-Mitarbeitern, und förderte eine Kultur der kontinuierlichen Verbesserung und Innovation. Der Fokus des Teams auf die Entwicklung und Integration von Spitzentechnologie hielt es an der Spitze der Hybrid-Ära, in der es weiterhin Maßstäbe für Leistung und Effizienz setzte.

Bei der Dominanz von Mercedes in dieser Zeit ging es nicht nur darum, Rennen und Meisterschaften zu gewinnen. es ging auch darum, die Grenzen des Möglichen in der Formel 1 zu verschieben. Das Engagement des Teams für Innovation zeigte sich in seinen strategischen Rennausführungen, der Entwicklung der Effizienz der Power Unit und den aerodynamischen Verbesserungen. Diese Fortschritte zielten nicht nur darauf ab, den Wettbewerbsvorteil zu verbessern, sondern auch die Nachhaltigkeit ihrer Betriebe zu erhöhen und sich an den breiteren globalen Wandel hin zu Umweltbewusstsein anzupassen.

Die Hybrid-Ära war eine transformative Zeit für das Mercedes-AMG Petronas Formel 1 Team, die es ihnen ermöglichte, die Erfolgsstandards in der Formel 1 neu zu definieren. Ihre Erfolge in dieser Zeit festigten nicht nur das Vermächtnis von Mercedes-Benz im Motorsport, sondern unterstrichen auch ihr Engagement für Exzellenz, Innovation und Nachhaltigkeit. Diese Zeit diente als Beweis für die Fähigkeit von Mercedes, seinen Wettbewerbsvorteil zu erhalten und sich gleichzeitig an die sich entwickelnden Anforderungen und Regeln der Formel 1 anzupassen, um sicherzustellen, dass das Team nicht nur auf der Strecke führend ist, sondern auch Präzedenzfälle dafür schafft, wie der Sport zu breiteren technologischen und ökologischen Fortschritten beitragen kann.

Kapitel 6: Kennzahlen zum Erfolg von Mercedes

Lewis Hamilton: Eine Rennsport-Ikone

Seit seinem Eintritt in das Mercedes-AMG Petronas Formel 1 Team im Jahr 2013 hat Lewis Hamilton nicht nur seine Karriere neu definiert, sondern auch die Landschaft der Formel 1 selbst neu gestaltet. Seine Ankunft bei Mercedes fiel mit dem Beginn der Hybrid-Ära zusammen, einer Zeit, in der Hamilton zu einem beispiellosen Erfolgsniveau aufstieg. Er wurde schnell zum Dreh- und Angelpunkt der Dominanz des Teams und kombinierte seine außergewöhnlichen fahrerischen Fähigkeiten mit dem technologischen Können von Mercedes, um außergewöhnliche Ergebnisse auf der Strecke zu erzielen.

Hamiltons Einfluss auf die Formel 1 ist nicht nur in Bezug auf die Meisterschaften, sondern auch in seinen rekordverdächtigen Erfolgen messbar. Er hat die meisten Pole-Positions in der Geschichte des Sports angehäuft, Legenden wie Ayrton Senna und Michael Schumacher übertroffen und seine unvergleichliche Fähigkeit unter Beweis gestellt, im Qualifying unter Druck zu performen. Darüber hinaus hat Hamilton eine erstaunliche Anzahl von Rennsiegen eingefahren und seine Konstanz und Widerstandsfähigkeit auf verschiedenen Strecken und unter verschiedenen Bedingungen unter Beweis gestellt. Am bemerkenswertesten ist vielleicht, dass er Michael Schumachers langjährigen Rekord von sieben Weltmeisterschaften einstellte und seinen Status als einer der größten Fahrer in der Geschichte des Sports festigte.

Hamiltons Fahrstil ist geprägt von Aggressivität und Präzision. Er ist bekannt für seine bemerkenswerte Fähigkeit, die maximale Leistung aus seinem Auto herauszuholen, insbesondere in kritischen Momenten des Rennens, sei es beim Navigieren durch das Feld oder beim Verteidigen einer Führung. Sein tiefes Verständnis für Rennstrategie und Fahrzeugdynamik, kombiniert mit seinem natürlichen Renninstinkt, macht ihn zu einer beeindruckenden Kraft auf der Strecke.

Abseits der Rennstrecke hat Lewis Hamilton seinen Einfluss und seine Sichtbarkeit genutzt, um sich für sinnvolle Veränderungen innerhalb der Formel 1 und der breiteren Motorsportgemeinschaft einzusetzen. Er ist ein lautstarker Befürworter der Vielfalt und drängt auf mehr Inklusivität in einem Sport, dem es traditionell an rassischer und ethnischer Vielfalt mangelt. Seine Gründung der Hamilton Commission ist ein Beweis für sein Engagement für diese Sache, die darauf abzielt, die Repräsentation von Schwarzen im britischen Motorsport zu erhöhen.

Darüber hinaus war Hamilton eine führende Figur bei den Nachhaltigkeitsbemühungen des Sports. Er ist sich der Umweltauswirkungen des Rennsports bewusst und hat sich für den Vorstoß der Formel 1 zu umweltfreundlicheren Praktiken eingesetzt und dazu beigetragen. Dazu gehört die Förderung der Verwendung nachhaltiger Materialien und Technologien im Sport sowie die Annahme eines veganen Lebensstils, um seine persönlichen Umweltauswirkungen zu reduzieren.

Durch seine Leistungen, sein Engagement und seine Führungsqualitäten hat Lewis Hamilton die Rolle eines typischen Sportlers überwunden und ist zu einer globalen Ikone im Motorsport geworden. Sein Vermächtnis wird nicht nur durch die Rekorde definiert, die er aufgestellt hat, und die Titel, die er gewonnen hat, sondern auch durch seinen tiefgreifenden Einfluss auf die Kultur und Richtung der Formel 1. Er inspiriert weiterhin eine neue Generation von Fans und Fahrern und gestaltet die Zukunft des Sports sowohl auf als auch neben der Strecke.

Nico Rosberg: Vom Teamkollegen zum Champion

Nico Rosberg trat in die Fußstapfen seines Vaters, des Formel-1-Weltmeisters von 1982, Keke Rosberg, und machte seine eigene bemerkenswerte Karriere in der Formel 1. Seine Reise mit Mercedes begann 2010, eine entscheidende Zeit für das Team, da es sich unter eigenem Namen wieder als Konstrukteur etablierte. Rosberg war nicht nur ein Fahrer für das Team; Er war ein Eckpfeiler des aufkeimenden Formel-1-Projekts von Mercedes und spielte in den prägenden Jahren des Wiederaufstiegs des Teams eine entscheidende Rolle.

Rosbergs Einfluss ging über seine Fähigkeiten auf der Rennstrecke hinaus. Er ist für seine akribische Herangehensweise an den Rennsport bekannt und brachte eine methodische und analytische Perspektive mit, die die strategische Planung des Teams ergänzte. Er hatte ein tiefes Verständnis für die technischen Aspekte des Rennsports und tauchte oft tief in die Datenanalyse ein, um seine Leistung zu verfeinern und Feedback zu geben, das für die Fahrzeugentwicklung von entscheidender Bedeutung war. Dieser technische Scharfsinn machte ihn zu einer unschätzbaren Bereicherung in der Entwicklungsphase des Mercedes-Teams und trug dazu bei, die Wettbewerbsfähigkeit des Fahrzeugs durch detaillierte Einblicke und Vorschläge zu steigern.

Die Dynamik zwischen Nico Rosberg und seinem Teamkollegen Lewis Hamilton war eine der fesselndsten Erzählungen in der modernen Formel 1. Ihre Partnerschaft war von einer erbitterten Rivalität geprägt, die zum Herzschlag des Teams wurde. Beide Fahrer, hart umkämpft und vom Siegeswillen getrieben, trieben sich gegenseitig an ihre Grenzen. Dieser intensive interne Wettbewerb erwies sich als zweischneidiges Schwert; Das trieb zwar die Leistung des Teams voran, führte aber auch zu einigen der dramatischsten Momente auf der

Strecke.

Rosbergs Karriere erreichte 2016 ihren Höhepunkt, als er nach einer spannenden und hart umkämpften Saison die Formel-1-Weltmeisterschaft gewann. Der Kampf um die Meisterschaft fand in diesem Jahr hauptsächlich zwischen Rosberg und Hamilton statt und gipfelte im letzten Rennen der Saison in Abu Dhabi. Rosbergs Fähigkeit, unter Druck die Ruhe zu bewahren und genügend Punkte zu sammeln, um den Titel zu gewinnen, ist ein Beispiel für seine Entwicklung als Fahrer und seine Beherrschung der mentalen und körperlichen Anforderungen des Sports.

Schockierenderweise gab Rosberg nur wenige Tage, nachdem er sich seinen Lebenstraum erfüllt hatte, Weltmeister zu werden, seinen Rücktritt aus der Formel 1 bekannt. Diese Entscheidung verblüffte die Rennwelt, da nur wenige Champions auf dem Höhepunkt ihrer Karriere zurücktreten. Sein Rücktritt markierte das Ende einer Ära für

Mercedes und das Ende einer der fesselndsten Rivalitäten des Sports.

Nico Rosbergs Vermächtnis bei Mercedes ist geprägt von seinen Beiträgen zu den frühen Erfolgen des Teams, seinen technischen Erkenntnissen und der schieren Wettbewerbsfähigkeit, die er in den Sport einbrachte. Sein Meisterschaftsgewinn erfüllte nicht nur ein persönliches Ziel, sondern bestätigte auch die Dominanz von Mercedes in der Formel 1 und festigte seinen Platz in den Annalen des Sports als Champion, der nicht nur die Spitze erreichte, sondern sich auch entschied, zu seinen eigenen Bedingungen zu gehen.

Toto Wolff: Führung und Vision

Seit seinem Eintritt in das Management-Team von Mercedes-AMG Petronas Formel 1 im Jahr 2013 hat Toto Wolff eine entscheidende Rolle dabei gespielt, das Team zu einer dominierenden Kraft in der Welt der Formel 1 zu machen. Sein Führungsstil, der sich durch eine Kombination aus scharfem Geschäftssinn und einem tiefen Verständnis für die technischen und wettbewerbsorientierten Aspekte des Sports auszeichnet, hat Mercedes zu einer Reihe beispielloser Erfolge geführt.

Unter Wolffs Führung hat Mercedes mehrere Konstrukteurs-Weltmeisterschaften gewonnen, beginnend mit 2014 und einer Ära, die von technologischer Innovation und sich ändernden Regeln geprägt war. Seine strategische Vision hat sich konsequent an den langfristigen Zielen des Teams orientiert und konzentriert sich nicht nur auf den Sieg bei Rennen, sondern auch auf den nachhaltigen Erfolg über mehrere Saisons. Wolffs Führungsansatz ist ganzheitlich; Er stellt sicher, dass jeder Aspekt des Teambetriebs optimiert wird – von der Technik bis zur Logistik, von der Fahrerentwicklung bis zur Teammoral.

Eine der größten Herausforderungen für Wolff war

es, die intensive Rivalität zwischen Lewis Hamilton und Nico Rosberg zu bewältigen. Dieser interne Wettbewerb trieb zwar die Leistung des Teams voran, stellte aber auch das Risiko von Zwietracht dar. Wolff ging mit dieser Dynamik mit einem nuancierten Verständnis der persönlichen und beruflichen Grenzen um und förderte ein wettbewerbsorientiertes und dennoch respektvolles Umfeld. Seine Fähigkeit, diese Herausforderungen zu meistern, ohne dass sie die Teameinheit untergraben, war entscheidend dafür, dass Mercedes seine Dominanz in diesem Sport in dieser Zeit fortsetzen konnte.

Wolff hat auch maßgeblich dazu beigetragen, Mercedes an der Spitze der Entwicklung der Formel 1 in Richtung Nachhaltigkeit zu positionieren. In Anerkennung des globalen Wandels hin zu nachhaltigeren Praktiken hat er Initiativen innerhalb des Teams zur Einführung modernster Technologien zur Reduzierung der Umweltbelastung angeführt. Dieses Engagement geht über die Power Units hinaus und umfasst alle Aspekte des Teambetriebs und setzt einen Standard im Sport für Umweltbewusstsein.

Darüber hinaus geht Toto Wolffs Fokus auf Leistungsexzellenz mit seinem Engagement für Innovation einher. Er war eine treibende Kraft hinter der Anpassung von Mercedes an das neue technische Reglement und stellte sicher, dass das Team die neuen Rahmenbedingungen der Formel-1-Führung nicht nur einhält, sondern auch übertrifft. Sein zukunftsorientierter Ansatz in Bereichen wie Hybridtechnologie, Aerodynamik und Rennstrategie hat Mercedes in einem sich schnell entwickelnden Sport an die Spitze gebracht.

Toto Wolffs Einfluss auf das Mercedes-AMG Petronas Formel 1 Team geht über die zahlreichen Trophäen und Auszeichnungen hinaus. Seine Führung hat eine widerstandsfähige und innovative Teamkultur kultiviert, die kontinuierliche Verbesserung und strategische Weitsicht betont.

Das Vermächtnis, das er bei Mercedes aufbaut, ist nicht nur das des Erfolgs in Bezug auf die Meisterschaften, sondern auch das der Gestaltung der Zukunft der Formel 1, indem er den Sport nachhaltiger und technologisch fortschrittlicher macht.

Niki Lauda: Der Mentor und Stratege

Niki Laudas Engagement für das Mercedes-AMG Petronas Formel 1 Team als nicht-exekutiver Vorsitzender von 2012 bis zu seinem Tod im Jahr 2019 hat die Kultur und strategische Ausrichtung des Teams unauslöschlich geprägt. Als legendäre Figur in der Welt des Motorsports brachte Lauda nicht nur seine Erfahrung als dreimaliger Formel-1-Weltmeister ein, sondern auch seine scharfen Erkenntnisse aus seiner späteren Karriere als Luftfahrtunternehmer. Seine einzigartige Perspektive auf das Risikomanagement, die er sowohl in der Formel 1 als auch in der Luftfahrtindustrie entwickelt hat, stattete ihn mit einzigartigen Fähigkeiten und einer strategischen Denkweise aus, die sich für Mercedes als unschätzbar wertvoll erwiesen.

Einer von Laudas wichtigsten Beiträgen zum Team war seine Rolle bei der Rekrutierung von Lewis Hamilton im Jahr 2013. Lauda erkannte Hamiltons außergewöhnliches Talent und sein Potenzial, das Team zu größeren Höhen zu führen, und spielte eine entscheidende Rolle dabei, ihn davon zu überzeugen, zu Mercedes zu wechseln. Dieser Schritt war nicht nur strategisch, sondern auch transformativ, veränderte die Dynamik des Teams grundlegend und bereitete die Voraussetzungen für eine beispiellose Erfolgsperiode. Laudas Fähigkeit, Talente zu erkennen und zu fördern, war entscheidend für die Gestaltung der Zukunft des Teams.

Neben seinen strategischen Beiträgen brachte Laudas Präsenz innerhalb des Teams eine tiefe Weisheit und Mentorenschaft mit sich, die in einigen der wettbewerbsintensivsten und herausforderndsten Jahre des Teams von entscheidender Bedeutung waren. Seine Erfahrungen aus erster Hand mit den Gefahren und Anforderungen des Sports ermöglichten es ihm, nicht nur bei Rennstrategien, sondern auch beim Umgang mit dem Druck und den Herausforderungen, die mit dem Formel-1-Rennsport verbunden sind, Anleitung und Unterstützung zu geben. Seine Herangehensweise an das Mentoring zeichnete sich durch Ehrlichkeit und Direktheit aus, Eigenschaften, die ihm den Respekt und die Bewunderung von Fahrern und Teammitgliedern gleichermaßen einbrachten.

Laudas Vermächtnis bei Mercedes geht über seine Rolle bei bestimmten strategischen Entscheidungen hinaus. Er vermittelte eine Philosophie der Akribie, Belastbarkeit und kontinuierlichen Verbesserung, Prinzipien, die in das Ethos des Teams eingebettet sind. Sein Einfluss trug dazu bei, eine Kultur zu fördern, in der Innovation mit praktischer

Risikobewertung in Einklang gebracht wird und in der Wettbewerbsgeist von gegenseitigem Respekt und Teamarbeit begleitet wird.

Der Einfluss von Niki Lauda auf Mercedes-AMG Petronas ist nachhaltig. Seine Einsichten und seine Führungsqualitäten leiteten das Team nicht nur in kritischen Momenten, sondern hinterließen auch einen bleibenden Eindruck in seiner Identität und Herangehensweise an den Rennsport. Seine Weisheit inspiriert das Team weiterhin und stellt sicher, dass sein Vermächtnis der Exzellenz und Entschlossenheit im Ethos des Mercedes-AMG Petronas Formel 1 Teams weiterlebt.

Das Team hinter dem Team

Der bemerkenswerte Erfolg von Mercedes in der Formel 1 geht weit über die gefeierten Beiträge seiner Starfahrer und hochkarätigen Teamchefs hinaus. Es ist auch das Produkt des unermüdlichen Engagements und der Expertise von Hunderten von

Ingenieuren, Technikern, Strategen und Support-Mitarbeitern, die größtenteils hinter den Kulissen arbeiten. Diese vielfältige Gruppe von Fachleuten bildet das Rückgrat des Teams und treibt seine Aktivitäten mit einer Mischung aus Fähigkeiten, Leidenschaft und Präzision voran, die für die Erfolge des Teams auf der globalen Bühne entscheidend sind.

Der Zusammenhalt und die Effizienz dieses umfangreichen Teams zeigen sich in ihrer Fähigkeit, unter dem intensiven Druck des Formel-1-Rennsports nahtlos zu funktionieren. Jedes Mitglied spielt eine spezifische, wichtige Rolle bei der Vorbereitung der Autos für jedes Rennen, von den akribischen Ingenieuren, die jeden Aspekt der Leistung des Autos optimieren und verfeinern, bis hin zu den Strategen, die Daten analysieren und Rennstrategien planen. Die Boxencrew, deren Präzision beim Reifenwechsel und beim Tanken wertvolle Sekunden sparen und den Ausgang eines Rennens beeinflussen kann, ist ein perfektes

Beispiel für diese Synergie in Aktion.

Innovation ist das Herzstück des anhaltenden Erfolgs von Mercedes, wobei kontinuierliche Fortschritte in Technologie und Strategie von der Zentrale ausgehen. Das Ingenieurteam verschiebt ständig die Grenzen der Automobiltechnologie und entwickelt Systeme und Komponenten, die die Geschwindigkeit, Effizienz und Zuverlässigkeit der Rennwagen verbessern. In der Zwischenzeit arbeiten die Strategen und Datenanalysten unermüdlich daran, komplexe Datensätze zu interpretieren und sie in umsetzbare Erkenntnisse umzuwandeln, die ihren Fahrern einen Vorteil im Rennen verschaffen können.

Die fehlerfreie Ausführung an den Renntagen, ein Markenzeichen des Mercedes-Teams, ist ein direktes Ergebnis der rigorosen Vorbereitung, der umfangreichen Simulationen und der detaillierten Proben des Teams. Dieses Maß an Vorbereitung stellt sicher, dass jedes mögliche Szenario antizipiert und geplant wurde, sodass das Team die Unvorhersehbarkeit des Rennsports mit Anpassungsfähigkeit und Finesse bewältigen kann.

Der Erfolg von Mercedes in der Formel 1 ist ein Beweis für die Kraft kollektiver Anstrengungen und die Bedeutung von geschlossener Teamarbeit. Die strategischen Entscheidungen der Teamleiter haben sicherlich den Verlauf der Geschichte des Teams bestimmt, aber es sind die täglichen Beiträge des gesamten Teams, die diese Entscheidungen in greifbare Ergebnisse umsetzen. Gemeinsam haben sie ein solides Fundament für anhaltende Spitzenleistungen geschaffen und sichergestellt, dass das Team nicht nur die aktuellen Erfolgsstandards in der Formel 1 erfüllt, sondern auch die Zukunft des Sports gestaltet. Diese dynamische Integration von individueller Brillanz und Teamsynergie untermauert die Dominanz von Mercedes in der Formel 1 und macht ihre Erfolgsgeschichte nicht nur zu den wenigen, sondern zu den vielen, die zum dauerhaften

Vermächtnis des Teams beitragen.

Kapitel 7: Technische Innovationen

Motorenentwicklung und Leistung

Die Motorentechnologie des Mercedes-AMG Petronas Formel 1 Teams war ein Eckpfeiler des beispiellosen Erfolgs während der Turbo-Hybrid-Ära der Formel 1, die 2014 begann. Die Power Units von Mercedes, die für ihre Leistung und Zuverlässigkeit bekannt sind, haben die ihrer Konkurrenten durchweg übertroffen und einen hohen Standard gesetzt, den andere Teams anstreben.

Von zentraler Bedeutung für die Motordominanz von Mercedes ist die Beherrschung des thermischen Wirkungsgrades. Der thermische Wirkungsgrad im F1-Kontext bezieht sich darauf, wie effektiv ein Motor die Energie aus Kraftstoff in Strom und nicht in Wärmeverschwendung umwandelt. Mercedes hat sich bei der Optimierung dieses

Umwandlungsprozesses hervorgetan, indem es seinen Motoren ermöglicht, mehr Leistung mit weniger Kraftstoff zu liefern, ein Vorteil, der in einem Sport, in dem Effizienz und Geschwindigkeit an erster Stelle stehen, entscheidend ist.

Eine weitere Schlüsselkomponente ihrer Motorüberlegenheit ist die effektive Nutzung von Energierückgewinnungssystemen. Die Turbo-Hybrid-Aggregate der Formel 1 sind mit zwei Hauptenergierückgewinnungssystemen ausgestattet: der MGU-K, die kinetische Energie beim Bremsen zurückgewinnt, und der MGU-H, die Energie aus der Wärme des Auspuffs zurückgewinnt. Mercedes hat hochentwickelte Systeme entwickelt, die diese Energie effektiver als ihre Wettbewerber einfangen und wiederverwenden, ihren Fahrern zusätzliche Leistung zur Verfügung stellen und den Kraftstoffverbrauch senken.

Dieser Fokus auf die Maximierung von Effizienz und

Erholung hat Mercedes nicht nur in Bezug auf die Leistung an die Spitze gebracht, sondern es ihnen auch ermöglicht, sich schnell an die sich entwickelnde regulatorische Landschaft der Formel 1 anzupassen, die sich zunehmend auf die Reduzierung von Kraftstoffverbrauch und Emissionen konzentriert. Die in der Turbo-Hybrid-Ära eingeführten Vorschriften sollten die Grenzen der Automobiltechnologie verschieben und die Teams ermutigen, Motorlösungen zu entwickeln, die sowohl leistungsstark als auch umweltverträglich sind. Der proaktive Ansatz von Mercedes in Bezug auf dieses Reglement hat entscheidend dazu beigetragen, seinen Wettbewerbsvorteil zu erhalten.

Die Entwicklung der Mercedes-Motoren beinhaltet einen kontinuierlichen Innovations- und Verbesserungszyklus. In jeder Saison analysieren ihre Ingenieure Leistungsdaten, identifizieren verbesserungswürdige Bereiche und implementieren Upgrades, die die Grenzen dessen, was ihre Power Units erreichen können, erweitern. Dieses unermüdliche Streben nach Exzellenz stellt sicher, dass die Motoren von Mercedes an der Spitze der Formel-1-Technologie bleiben und oft Trends setzen, die die zukünftige Richtung der Motorenentwicklung im Sport prägen.

Darüber hinaus beschränkt sich der Vorteil der Motorentechnologie von Mercedes nicht auf das eigene Team. Andere Teams, die von Mercedes-Einheiten angetrieben werden, wie Racing Point und Williams, profitieren ebenfalls von den von Mercedes entwickelten Innovationen und tragen dazu bei, ihre Leistung und Wettbewerbsfähigkeit in der Meisterschaftswertung zu steigern.

Die Motorentechnologie des Mercedes-AMG Petronas Formel 1 Teams ist eine Mischung aus fortschrittlicher Technik, strategischer Weitsicht und einem tiefen Bekenntnis zur Technologieführerschaft. Diese Kombination hat nicht nur ihren Erfolg in der Turbo-Hybrid-Ära definiert, sondern auch die breitere Landschaft der Formel 1 erheblich beeinflusst und den gesamten Sport in eine Zukunft geführt, in der Leistung und Nachhaltigkeit Hand in Hand gehen.

Aerodynamik und Fahrwerksentwicklung

Die Motorentechnologie des Mercedes-AMG Petronas Formel 1 Teams hat entscheidend dazu beigetragen, seine Dominanz während der gesamten Turbo-Hybrid-Ära zu etablieren, die 2014 begann. Die Power Units von Mercedes, die für ihre außergewöhnliche Leistung und Zuverlässigkeit bekannt sind, haben die Messlatte immer wieder hoch gelegt, konkurrierende Teams übertroffen und Exzellenz in der Formel 1 definiert. Diese Überlegenheit hat nicht nur zu ihrem eigenen Erfolg beigetragen, sondern auch das Wettbewerbsniveau im gesamten Sport erhöht.

Der Kern des Erfolgs von Mercedes ist die profunde Beherrschung der thermischen Effizienz. In der

Formel 1 misst der thermische Wirkungsgrad die Fähigkeit des Motors, Kraftstoffenergie direkt in Leistung umzuwandeln, anstatt sie als Wärme zu verlieren. Mercedes hat diesen Umbauprozess außerordentlich optimiert. Auf diese Weise haben sie es ihren Motoren ermöglicht, eine höhere Leistung zu liefern und gleichzeitig weniger Kraftstoff zu verbrauchen – ein entscheidender Vorteil in einem Sport, der von der Balance zwischen Geschwindigkeit und Effizienz abhängt.

Ein weiterer Eckpfeiler der Motorenstrategie von Mercedes ist der ausgeklügelte Einsatz von Energierückgewinnungssystemen. Moderne Formel-1-Autos sind mit Systemen wie der MGU-K ausgestattet, die beim Bremsen kinetische Energie zurückgewinnt, und der MGU-H, die Energie aus der Abgaswärme nutzt. Mercedes hat diese Systeme so konstruiert, dass sie mit außergewöhnlicher Effizienz funktionieren und Energie effektiver erfassen und wiederverwenden als ihre Wettbewerber. Dies bietet ihren Fahrern nicht nur einen zusätzlichen Leistungsschub, sondern senkt auch den Gesamtkraftstoffverbrauch und bringt die Leistung mit der Umweltverantwortung in Einklang.

Der proaktive Ansatz von Mercedes bei der Motorenentwicklung hat es dem Unternehmen auch ermöglicht, den Regeländerungen in der Formel 1 einen Schritt voraus zu sein, insbesondere denen, die darauf abzielen, Emissionen und Kraftstoffverbrauch zu reduzieren. Das Reglement der Turbo-Hybrid-Ära wurde speziell entwickelt, um die Teams zu Innovationen in Richtung mehr Nachhaltigkeit herauszufordern. Die Fähigkeit von Mercedes, diese Veränderungen zu antizipieren und sich an sie anzupassen, war ein Schlüsselfaktor für ihren anhaltenden Erfolg und ihre Führungsrolle in diesem Sport.

Der kontinuierliche Innovationszyklus in der Motorenentwicklung von Mercedes wird von einem unermüdlichen Streben nach Exzellenz angetrieben. In jeder Rennsaison analysieren die

Ingenieure akribisch die Leistungsdaten, um potenzielle Verbesserungsmöglichkeiten zu identifizieren. Dieser kontinuierliche Prozess der Verfeinerung und Innovation stellt sicher, dass ihre Power Units die Anforderungen der hart umkämpften und sich ständig weiterentwickelnden Landschaft der Formel 1 nicht nur erfüllen, sondern oft übertreffen.

Darüber hinaus gehen die Vorteile der fortschrittlichen Motorentechnologie von Mercedes über das eigene Team hinaus. Auch Kundenteams wie Racing Point und Williams, die Mercedes-Power Units einsetzen, profitieren von diesen Innovationen. Dies hat einen breiteren Einfluss auf die Wettbewerbsbalance innerhalb der Formel 1, erhöht die Leistung dieser Teams und verschärft die Herausforderung für die führenden Konkurrenten.

Die Motorentechnologie des Mercedes-AMG Petronas Formel 1 Teams steht für eine Verschmelzung von Spitzentechnik, visionärer strategischer Planung und einem tiefen Engagement, die Grenzen der Automobiltechnologie zu erweitern. Diese Mischung von Attributen hat nicht nur ihren eigenen Erfolg geprägt, sondern auch den technologischen Fortschritt des gesamten Sports maßgeblich geprägt. Während sich die Formel 1 weiter auf eine Zukunft zubewegt, in der Leistungsentfaltung und Nachhaltigkeit zunehmend miteinander verbunden sind, schafft die Pionierarbeit von Mercedes mit ihren Motoren einen Präzedenzfall, der die Richtung und das Ethos der globalen Rennsportgemeinschaft beeinflusst.

Rennstrategie und Boxenstopp-Effizienz

Die Fähigkeiten des Mercedes-AMG Petronas Formel 1 Teams in der strategischen Rennabwicklung sind ein entscheidendes Element für den anhaltenden Erfolg des Teams in der Formel 1. Die Strategieabteilung des Teams spielt dabei eine zentrale Rolle, indem sie fortschrittliche

Datenanalysen nutzt, um fundierte Entscheidungen in Echtzeit zu treffen, die die Rennergebnisse optimieren. Diese strategische Raffinesse ermöglicht es Mercedes, am Renntag immer einen Schritt voraus zu sein.

Das Strategieteam von Mercedes hat die Aufgabe, riesige Datenmengen zu analysieren, die an den Rennwochenenden gesammelt werden. Diese Daten umfassen eine Vielzahl von Variablen, von der Reifenleistung und dem Kraftstoffverbrauch bis hin zum Fahrerfeedback und den Streckenbedingungen. Mit ausgefeilten Simulationswerkzeugen und prädiktiver Modellierung ist die Strategieeinheit in der Lage, Rennszenarien vorherzusagen und kritische Entscheidungen im laufenden Betrieb zu treffen. Dazu gehört auch die Bestimmung des optimalen Zeitpunkts für Boxenstopps – ein entscheidender Aspekt, der den Rennausgang erheblich beeinflussen kann.

Boxenstopps sind ein Ballett aus Präzision und Geschwindigkeit, bei dem jede Millisekunde zählt, und die Boxencrew von Mercedes gehört zu den besten in der Branche. Die Crew ist für ihre außergewöhnliche Effizienz bekannt und erledigt den Reifenwechsel oft in weniger als zwei Sekunden. Eine solche Geschwindigkeit wird nicht zufällig erreicht; Es ist das Ergebnis rigoroser Übung, Koordination und des Einsatzes modernster Technologie, um jeden Aspekt des Boxenstopps zu rationalisieren. Die Crew trainiert ausgiebig und nutzt Videoanalysen und Teamübungen, um wertvolle Millisekunden bei ihren Boxenstoppzeiten einzusparen.

Die Wahl der richtigen Reifen zur richtigen Zeit ist ein weiterer wichtiger Bestandteil der Rennstrategie. Die Reifenwahl beeinflusst nicht nur die Geschwindigkeit des Autos, sondern auch das Handling und die Haltbarkeit über einen Stint. Die Strategen von Mercedes müssen eine Vielzahl von Faktoren berücksichtigen, darunter die

Streckentemperatur, die Wetterbedingungen und die spezifischen Anforderungen jeder Strecke, um die am besten geeigneten Reifenmischungen auszuwählen. Dieser Entscheidungsprozess ist dynamisch und passt sich an Veränderungen wie plötzlichen Regen oder den Einsatz eines Safety Cars an, was die strategische Landschaft eines Rennens drastisch verändern kann.

Darüber hinaus ist die Fähigkeit des Teams, geschickt auf sich ändernde Rennbedingungen zu reagieren, ein Beispiel für seine strategische Exzellenz. Ob es darum geht, sich an Wetterschwankungen anzupassen, auf Unfälle zu reagieren oder sich an Safety-Car-Phasen anzupassen, die Strategen von Mercedes sind in der Lage, die Situation schnell neu zu bewerten und ihren Rennplan zu ändern, um ihren Vorteil zu maximieren oder potenzielle Verluste zu mindern.

Die Beherrschung der Rennstrategie und der Effizienz bei den Boxenstopps von Mercedes ist ein wichtiger Faktor für ihre Erfolgsformel. Die Fähigkeit des Teams, datengesteuerte Entscheidungsfindung mit außergewöhnlicher operativer Ausführung an der Boxenmauer und in der Boxengasse zu verbinden, verschafft ihnen einen erheblichen Wettbewerbsvorteil und stellt sicher, dass sie im Umfeld des Formel-1-Rennsports, in dem viel auf dem Spiel steht, nicht nur konkurrieren, sondern auch konsequent um Siege kämpfen.

Nutzung von Daten und Simulation

Die Einführung und Integration fortschrittlicher Simulationstools und Datenanalysen durch das Mercedes-AMG Petronas Formel 1 Team hat seine Herangehensweise an den Rennsport erheblich verändert und es zu Pionieren bei der technologischen Nutzung in der Formel 1 gemacht. Diese strategische Nutzung modernster Technologien ermöglicht es dem Team, die Fahrzeugleistung zu verfeinern und die

Rennstrategien zu optimieren und so seinen Wettbewerbsvorteil in einem Sport zu festigen, in dem jeder Bruchteil einer Sekunde zählt.

Das Herzstück des technologischen Arsenals von Mercedes ist die ausgeklügelte Simulationssoftware. Diese Software ermöglicht es dem Team, hochdetaillierte Modelle ihrer Autos zu erstellen, die unter einer Vielzahl von Rennbedingungen angepasst und getestet werden können, ohne das Labor zu verlassen. Durch unterschiedliche Parameter wie Fahrwerkseinstellungen, aerodynamische Optimierungen und Gewichtsverteilung können die Ingenieure vorhersagen, wie sich diese Änderungen auf die Leistung des Fahrzeugs auf einer bestimmten Strecke auswirken werden. Diese Vorhersagefähigkeit ist entscheidend, insbesondere wenn das Auto im Laufe der Saison an die einzigartigen Anforderungen verschiedener Strecken angepasst wird.

Mercedes verwendet auch Driver-in-the-Loop-Simulatoren, die einen Schritt über die traditionelle Simulation hinausgehen. Diese Simulatoren integrieren das menschliche Element – nämlich die Fahrer des Teams – in die virtuelle Umgebung und schaffen so eine Feedbackschleife, die sowohl für die Fahrzeugentwicklung als auch für die Fahrervorbereitung von unschätzbarem Wert ist. Die Fahrer können erleben, wie sich das Auto bei bestimmten Setup-Änderungen oder als Reaktion auf unterschiedliche Streckenbedingungen verhält. Diese Erfahrung ist besonders vorteilhaft, um sich an Strecken anzupassen, die neu im Kalender sind oder die seit dem letzten Rennen des Teams dort erhebliche Änderungen erfahren haben.

Bei diesen Simulatoren geht es nicht nur darum, die Fahrer mit den Streckenlayouts vertraut zu machen, sondern auch darum, ihre Fahrtechniken für bestimmte Rennszenarien zu verfeinern. So können Fahrer beispielsweise verschiedene Bremstechniken, Kurvenstrategien und sogar

Startvorgänge unter verschiedenen Wetterbedingungen üben. Dieses Maß an Vorbereitung ist von unschätzbarem Wert und ermöglicht es den Fahrern, sofort loszulegen, wenn sie auf einer Strecke ankommen und bereits gut an die Bedingungen angepasst sind, die sie erwarten.

Darüber hinaus fließen die aus diesen Simulationssitzungen gesammelten Daten in die Gesamtstrategie des Teams ein. Es hilft bei der Feinabstimmung der Fahrzeugeinstellungen vor der Ankunft auf der Strecke und reduziert so die Zeit, die für Anpassungen während des eigentlichen Rennwochenendes benötigt wird. Diese Effizienz ist entscheidend in einem Sport, der von engen Zeitplänen und begrenzten Testmöglichkeiten in der realen Welt beherrscht wird.

Der strategische Einsatz von Simulationen und Datenanalysen durch Mercedes unterstreicht den Anspruch, einen technologischen Vorsprung gegenüber seinen Wettbewerbern zu erhalten. Es zeigt, dass Formel-1-Teams zunehmend auf digitale Technologien setzen, nicht nur für die Fahrzeugentwicklung, sondern auch für das Fahrertraining und die strategische Planung. Für Mercedes sind diese Tools nicht nur eine Ergänzung zu ihren technischen Bemühungen, sondern auch ein zentraler Bestandteil ihrer Methodik, die ihren anhaltenden Erfolg im Formel-1-Rennsport vorantreibt.

Innovationen im Bereich Nachhaltigkeit

Das Mercedes-AMG Petronas Formel 1 Team hat die entscheidende Bedeutung von Nachhaltigkeit im Motorsport erkannt und sich als führend bei der Entwicklung und Einführung nachhaltigerer Rennsporttechnologien positioniert. Dieses Engagement wird von dem Verständnis angetrieben, dass die Zukunft des Sports nicht nur von Geschwindigkeit und Leistung abhängt, sondern auch von seiner Fähigkeit, sich an die sich entwickelnden Umweltstandards und -erwartungen anzupassen.

Im Mittelpunkt der Nachhaltigkeitsbemühungen von Mercedes steht die Weiterentwicklung der Hybridmotorentechnologie. Seit der Einführung der Turbo-Hybrid-Ära in der Formel 1 im Jahr 2014 hat Mercedes die Effizienz seiner Power Units optimiert, um nicht nur das Reglement zur Emissionsreduzierung zu erfüllen, sondern auch einen Maßstab in diesem Bereich zu setzen. Diese Aggregate sind eine Mischung aus Verbrennungsmotoren und Energierückgewinnungssystemen, die die Energieeffizienz maximieren und Abfall minimieren – ein Eckpfeiler zur Reduzierung der ökologischen Auswirkungen von Hochgeschwindigkeitsrennen.

Über die Motorentechnologie hinaus hat Mercedes den Schritt gewagt, alternative Kraftstoffe und Materialien zu erforschen, die umweltfreundliche Alternativen bieten, ohne die Leistung zu beeinträchtigen. Dazu gehört die Verwendung fortschrittlicher Biokraftstoffe und synthetischer Kraftstoffe, die den Kohlenstoff-Fußabdruck ihrer Rennaktivitäten erheblich reduzieren können. Darüber hinaus untersucht Mercedes die Verwendung nachhaltiger Materialien beim Bau ihrer Autos und in ihren Betrieben, wie z. B. Kohlefaserrecycling und die Verwendung von Naturfaserverbundwerkstoffen.

Das Engagement von Mercedes für Nachhaltigkeit geht über die technologischen Fortschritte in ihren Autos hinaus. Das Team hat einen umfassenden Ansatz zur Reduzierung seines betrieblichen CO_2-Fußabdrucks implementiert. Dazu gehört die Optimierung der Logistik, um die Reiseemissionen zu verringern, der Einsatz energieeffizienter Praktiken in den Fabriken und die Nutzung erneuerbarer Energiequellen, wo immer dies möglich ist. Diese Bemühungen sind Teil einer umfassenderen Strategie zur Förderung der Umweltverantwortung innerhalb des Teams und des Sports insgesamt.

Das Team engagiert sich auch in verschiedenen Initiativen, die darauf abzielen, das Bewusstsein zu schärfen und den Wandel hin zu mehr Nachhaltigkeit in der Formel 1 voranzutreiben. Dazu gehört die Zusammenarbeit mit anderen Teams, Lieferanten und Rennveranstaltern, um eine nachhaltigere Zukunft für den Sport voranzutreiben. Die Rolle von Mercedes bei diesen Initiativen umfasst oft den Austausch von Wissen, Ressourcen und Innovationen, die dazu beitragen können, die Umweltauswirkungen von Rennaktivitäten weltweit zu reduzieren.

Die Innovationen des Mercedes-AMG Petronas Formel 1 Teams im Bereich Nachhaltigkeit stehen für einen facettenreichen Ansatz, der nicht nur technologische Fortschritte bei ihren Fahrzeugen umfasst, sondern auch ein breiteres Engagement für die Reduzierung ihres ökologischen Fußabdrucks und die Führung des Sports in eine nachhaltigere Ära. Ihre Führungsrolle in diesem Bereich unterstreicht nicht nur ihr Engagement für Exzellenz und Innovation auf der Rennstrecke, sondern auch ihre Verantwortung gegenüber der Umwelt und zukünftigen Generationen von Rennsportbegeisterten.

Auswirkungen über die Strecke hinaus

Die technologischen Fortschritte, die Mercedes in der Formel 1 vorangetrieben hat, reichen weit über die Rennstrecke hinaus und üben einen erheblichen Einfluss auf die gesamte Automobilindustrie aus. Das stressige, leistungsstarke Umfeld der Formel 1 dient als ideales Testfeld für die Entwicklung modernster Technologien, von denen viele ihren Weg in Verbraucherfahrzeuge finden und Effizienz, Leistung und Nachhaltigkeit verbessern.

Einer der wichtigsten Bereiche, in denen Mercedes erhebliche Fortschritte gemacht hat, ist die Hybridtechnologie. Die Entwicklung ausgeklügelter Hybrid-Antriebe für die Formel 1 hat es Mercedes ermöglicht, Techniken und

Technologien zu verfeinern, die die Energieeffizienz deutlich verbessern. Dazu gehören Fortschritte bei Energierückgewinnungssystemen, Batteriemanagement und thermischer Effizienz. Die aus diesen Entwicklungen gewonnenen Erkenntnisse sind direkt auf die Entwicklung und Herstellung von Hybrid- und Elektrofahrzeugen übertragbar. Durch die Anwendung von Renntechnologien auf seine Nutzfahrzeuge verbessert Mercedes nicht nur die Leistung und Effizienz seiner Verbraucherfahrzeuge, sondern passt sich auch dem globalen Trend zu saubereren, nachhaltigeren Automobillösungen an.

Energieeffizienz ist ein weiterer kritischer Bereich, in dem Formel-1-Innovationen breitere Anwendungen haben. Die strengen Kraftstoffverbrauchsvorschriften in der Formel 1 haben Teams wie Mercedes dazu veranlasst, Motoren zu entwickeln, die maximale Leistung bei minimalem Kraftstoffverbrauch liefern können. Diese Fortschritte haben enorme Auswirkungen auf den Automobilsektor, insbesondere bei der Entwicklung von Motoren, die die Kohlenstoffemissionen ohne Leistungseinbußen reduzieren können. Techniken, die entwickelt wurden, um den Verbrennungsprozess zu verbessern, die Kraftstoffzufuhr zu steuern und die Aerodynamik in Formel-1-Autos zu optimieren, können angepasst werden, um den Kraftstoffverbrauch von Alltagsfahrzeugen zu verbessern.

Diese Synergie zwischen der Formel 1 und der Entwicklung von Straßenfahrzeugen ist ein strategischer Bestandteil der übergeordneten Ziele von Mercedes-Benz. Das Unternehmen hat sich der Vorreiterrolle bei Innovation und Nachhaltigkeit im Automobildesign verschrieben und nutzt seine Formel-1-Plattform nicht nur, um Rennen zu gewinnen, sondern auch, um Pionierarbeit für Technologien zu leisten, die den Weg für die Zukunft der Automobilindustrie ebnen. Dieser Ansatz stärkt nicht nur die Marke Mercedes-Benz als führendes Unternehmen in der Automobiltechnologie, sondern trägt auch zu den langfristigen Nachhaltigkeitszielen des Unternehmens bei, indem er die Entwicklung umweltfreundlicher Automobiltechnologien vorantreibt.

Darüber hinaus trägt das Engagement von Mercedes in der Formel 1 dazu bei, eine Kultur der kontinuierlichen Innovation innerhalb des Unternehmens zu fördern. Die Herausforderungen auf der Rennstrecke treiben die Entwicklung kreativer Lösungen voran, die für breitere Anwendungen angepasst werden können. Dieses dynamische Umfeld ermutigt Ingenieure und Designer, die Grenzen des technisch Machbaren zu verschieben, was zu Durchbrüchen führt, von denen das gesamte Spektrum der Geschäftstätigkeit von Mercedes-Benz profitiert.

Die Auswirkungen der technologischen Fortschritte von Mercedes in der Formel 1 reichen weit über die

Grenzen des Rennsports hinaus. Durch das Vorantreiben von Innovationen in Bereichen wie Hybridtechnologie und Energieeffizienz sichert Mercedes nicht nur seine Position als führendes Unternehmen in der Formel 1, sondern gestaltet auch die zukünftige Ausrichtung der globalen Automobilindustrie und fördert den Übergang zu nachhaltigeren und effizienteren Fahrzeugen. Diese nahtlose Integration von Rennsporttechnologie in Verbraucherfahrzeuge verkörpert das Engagement von Mercedes-Benz für Exzellenz, Innovation und Umweltverantwortung im Automobildesign.

Kapitel 8: Rivalitäten und Herausforderungen

Mercedes vs. Red Bull: Eine moderne Rivalität

Die Rivalität zwischen Mercedes-AMG Petronas und Red Bull Racing gilt als einer der elektrisierendsten und prägendsten Wettbewerbe in der jüngeren Formel-1-Geschichte. Diese intensive Rivalität, die sich während der Turbo-Hybrid-Ära entfaltet hat, verkörpert den Höhepunkt des Motorsportwettbewerbs und verbindet hohe Einsätze, Spitzentechnologie und überzeugende persönliche Dynamik.

Mercedes, das seit Beginn der Turbo-Hybrid-Ära im Jahr 2014 die dominierende Kraft war, gab in der Formel 1 zunächst mit seiner fortschrittlichen Motorentechnologie und seinem strategischen Geschick das Tempo vor. Ihre Dominanz wurde durch aufeinanderfolgende Konstrukteurs- und

Fahrerweltmeisterschaften gekennzeichnet, die die Messlatte in diesem Sport hoch legten. Red Bull Racing, bekannt für sein aggressives Chassis-Design und seine innovativen aerodynamischen Ansätze, begann jedoch, diese Leistungslücke zu schließen, die sich besonders ab Mitte der 2010er Jahre zeigte.

Die Rivalität zwischen diesen beiden Teams trieb beide Teams zu unaufhörlicher Innovation. Mercedes verfeinerte seine Power Units und Energierückgewinnungssysteme weiter und konzentrierte sich dabei auf die Maximierung von Effizienz und Zuverlässigkeit. In der Zwischenzeit machte Red Bull erhebliche Fortschritte in der Aerodynamik und Chassis-Entwicklung und nutzte oft die starke Partnerschaft mit Honda, um die Leistung des Antriebsstrangs zu optimieren. Der Drang jedes Teams nach technologischem Fortschritt trieb sie nicht nur voran, sondern trieb auch die Entwicklung des gesamten Sports voran.

Die Rivalität erreichte einen besonders dramatischen Höhepunkt mit den Kämpfen zwischen Mercedes-Pilot Lewis Hamilton und Red Bull-Pilot Max Verstappen auf der Strecke. Diese beiden Fahrer, jeder auf dem Höhepunkt seines Spiels, haben für einige der denkwürdigsten Momente in der jüngeren Geschichte der Formel 1 gesorgt. Ihre Duelle sind nicht nur Rennen um Positionen, sondern auch Aufeinanderprallen unterschiedlicher Rennphilosophien und -stile - Hamiltons erfahrene Präzision gegen Verstappens aggressiven Wagemut.

Diese Konfrontationen standen oft im Mittelpunkt von Meisterschaftsentscheidungen und verliehen der Rivalität eine intensive persönliche Dimension. Rennen wie der Große Preis von Großbritannien 2021 in Silverstone, bei dem eine Hochgeschwindigkeitskollision zwischen Hamilton und Verstappen zu einem Unfall führte, unterstreichen, wie viel auf dem Spiel steht. Jeder Vorfall zwischen den beiden Fahrern wurde von

Fans und Analysten analysiert, was oft zu lebhaften Debatten über Rennethik, Teamstrategien und Fahrersicherheit führte.

Die Rivalität hat auch das Drama und die Aufregung für das Formel-1-Publikum weltweit deutlich erhöht. Es hat das Interesse an dem Sport wiederbelebt, neue Fans angezogen und langjährige Anhänger wieder gewonnen. Die strategischen Kämpfe zwischen Mercedes und Red Bull auf und neben der Strecke - von Boxenstopp-Strategien bis hin zu psychologischer Kriegsführung durch die Medien - haben der Rennsaison weitere Intrigen und Spektakel hinzugefügt.

Darüber hinaus hat diese Rivalität weitreichendere Auswirkungen auf den Sport und beeinflusst, wie die Teams die Rennstrategie, die Fahrerentwicklung und sogar die Einsatzregeln auf der Strecke angehen. Der ständige Wettbewerb hat ein rasantes Entwicklungstempo innerhalb des Sports gefördert und die Teams dazu gebracht, aggressiver zu innovieren, um den Sieg zu erringen.

Die Rivalität zwischen Mercedes und Red Bull ist nicht nur ein Geschwindigkeitswettbewerb auf der Rennstrecke. Es ist ein umfassender Kampf, der Technologie, Strategie und menschliches Talent umfasst. Es fasst die Essenz des Formel-1-Rennsports zusammen und zeigt nicht nur den Höhepunkt der Automobiltechnik und des strategischen Einfallsreichtums, sondern hebt auch das zutiefst menschliche Element von Mut, Rivalität und Wettbewerb hervor. Diese Rivalität hat nicht nur eine Ära der Formel 1 definiert, sondern auch die Voraussetzungen für die zukünftige Entwicklung des Sports geschaffen.

Kontroversen und Kritik

Der Aufstieg und der anhaltende Erfolg des Mercedes-AMG Petronas Formel 1 Teams waren nicht frei von Kontroversen und Kritik, die dazu beigetragen haben, den öffentlichen und regulatorischen Diskurs innerhalb des Sports zu prägen. Während ihre Dominanz für ihre technische und strategische Brillanz gelobt wurde, war sie auch Gegenstand verschiedener Debatten und Kritik, die die komplexe Dynamik des Spitzenleistungssports widerspiegeln.

Eine bedeutende Quelle der Kontroverse war die interne Teamdynamik, insbesondere die wahrgenommene Bevorzugung zwischen den Fahrern. Das bemerkenswerteste Beispiel dafür war die Rivalität zwischen Lewis Hamilton und Nico Rosberg, die das Team zeitweise zu polarisieren schien. Vorwürfe der Bevorzugung tauchten auf, insbesondere im Zusammenhang mit Teambefehlen und strategischen Entscheidungen, die einem Fahrer gegenüber dem anderen zugute zu kommen schienen. Diese Situation erreichte ihren Höhepunkt beim Großen Preis von Spanien 2016, als Hamilton und Rosberg in der ersten Runde kollidierten, was zu einem doppelten Ausfall von Mercedes führte. Dieser Vorfall kostete das Team nicht nur wertvolle

Punkte, sondern verschärfte auch die Kontrolle darüber, wie es mit den Wettbewerbsspannungen zwischen seinen Fahrern umging.

Mercedes stand auch im Mittelpunkt breiterer Debatten über das Formel-1-Reglement, wobei einige Kritiker argumentierten, dass die Regeländerungen der FIA gelegentlich zugunsten der Aufrechterhaltung der Dominanz des Teams verzerrt wurden. So werden beispielsweise die Einführung neuer aerodynamischer Vorschriften und Anpassungen des Fahrzeugdesigns manchmal als Bemühungen angesehen, gleiche Wettbewerbsbedingungen als Reaktion auf die Überlegenheit von Mercedes zu schaffen. Dies hat zu einem breiteren Diskurs über das Gleichgewicht zwischen der Förderung der Wettbewerbsparität und der Belohnung von Innovationen innerhalb des Sports geführt.

Ein weiterer Brennpunkt war das umstrittene Saisonfinale 2021 in Abu Dhabi, bei dem eine umstrittene Entscheidung der Rennleitung in den letzten Runden den Meisterschaftsausgang zwischen Max Verstappen von Red Bull Racing und Lewis Hamilton erheblich beeinflusste. Die Entscheidung, nur bestimmte überrundete Autos zu überrunden, anstatt alle, und dann das Rennen schnell neu zu starten, spielte eine entscheidende Rolle dabei, dass Verstappen Hamilton überholte und seine erste Meisterschaft gewann. Dieser Vorfall löste nicht nur Debatten über Sportsgeist und Fairness aus, sondern führte auch zu einer intensiven Prüfung des Rennmanagements und der Konsistenz der Regeldurchsetzung durch die FIA.

Diese Kontroversen und die daraus resultierende Kritik haben umfangreiche Debatten über Sportsgeist und die ethischen Dimensionen des Rennsports ausgelöst. Sie werfen Fragen darüber auf, wie Regeln in Szenarien mit hohem Einsatz angewendet und interpretiert werden und ob die Regulierungsbehörde bei ihrer Entscheidungsfindung Unparteilichkeit und

Fairness wahrt.

Darüber hinaus haben Kontroversen wie diese weitreichende Auswirkungen auf die Formel 1 und beeinflussen die Wahrnehmung des Sports bei Fans und Interessengruppen. Sie verdeutlichen das empfindliche Gleichgewicht, das zwischen Wettkampf und Unterhaltung sowie zwischen regulatorischer Fairness und den kommerziellen Interessen des Sports aufrechterhalten werden muss.

Zusammenfassend lässt sich sagen, dass die Dominanz von Mercedes in der Formel 1 zwar zweifellos die technologische und strategische Entwicklung des Sports vorangetrieben hat, aber die Kontroversen und Kritik an ihrem Erfolg das komplexe Zusammenspiel von Ethik, Sportsgeist und Governance in der Welt des Elite-Motorsports unterstreichen. Diese Themen spiegeln nicht nur die Leidenschaften wider, die die Formel 1 hervorruft, sondern auch die sich entwickelnde

Natur ihrer Regeln und die ständige Herausforderung, in einem hart umkämpften Umfeld Fairness zu wahren.

Anpassung an Regeländerungen

Die sich ständig weiterentwickelnde Landschaft der Formel 1, die durch häufige regulatorische Aktualisierungen gekennzeichnet ist, stellt eine große Herausforderung für alle Teams dar, die ihre Wettbewerbsfähigkeit aufrechterhalten wollen. Das Mercedes-AMG Petronas Formel 1 Team hat außergewöhnliches Geschick bei der Bewältigung dieser Veränderungen bewiesen und seine Strategien und Abläufe kontinuierlich an die neuen Regeln angepasst. Diese Anpassungsfähigkeit war der Schlüssel zu ihrem anhaltenden Erfolg und ermöglichte es ihnen, trotz des sich ändernden regulatorischen Umfelds an der Spitze des Sports zu bleiben.

Einer der kritischen Bereiche, in denen

regulatorische Änderungen tiefgreifende Auswirkungen hatten, ist die Aerodynamik. Das Formel-1-Reglement passt die aerodynamischen Regeln regelmäßig an, um den Abtrieb zu steuern, was sich auf das Design und die Leistung des Autos auswirkt. Mercedes hat sich darin hervorgetan, diese regulatorischen Veränderungen als Chancen für Innovationen zu nutzen. Ihr Ingenieurteam, das fortschrittliche numerische Strömungsmechanik (CFD) und Windkanaltests nutzt, war geschickt darin, Elemente der Aerodynamik des Autos neu zu gestalten, um die Leistung unter dem neuen Reglement zu optimieren und gleichzeitig die vom Dachverband festgelegten Einschränkungen einzuhalten.

Power Units sind ein weiterer Bereich, in dem Mercedes seine Fähigkeit unter Beweis gestellt hat, sich an Regeländerungen anzupassen. Mit der Einführung der Turbo-Hybrid-Ära im Jahr 2014 etablierte Mercedes schnell eine Dominanz, die durch das überlegene Verständnis und die

Implementierung der Hybridtechnologie untermauert wurde. Während sich die Vorschriften weiterentwickelt haben, um sich zunehmend auf Kraftstoffeffizienz und Emissionen zu konzentrieren, hat Mercedes seine Power Units weiter verfeinert und die Energierückgewinnungssysteme und den thermischen Wirkungsgrad verbessert, um nicht nur das Reglement zu erfüllen, sondern auch einen Wettbewerbsvorteil zu erzielen.

Die Einführung einer Budgetobergrenze im Jahr 2021 war eine bedeutende regulatorische Änderung, die darauf abzielte, die finanziellen Wettbewerbsbedingungen in der Formel 1 zu verbessern. Diese Obergrenze begrenzt den Betrag, den die Teams für die Entwicklung und den Betrieb von Autos ausgeben können, ein Schritt, der besonders für Top-Teams wie Mercedes von Bedeutung ist, die traditionell höhere Budgets hatten. Die Anpassung an diesen neuen Finanzrahmen erforderte von Mercedes ein strategisches Umdenken und eine Optimierung seiner Abläufe. Sie konzentrierten sich auf die Maximierung der Effizienz sowohl in den Entwicklungs- als auch in den Betriebsprozessen und stellten sicher, dass jeder ausgegebene Dollar den größtmöglichen Einfluss auf die Leistung hatte.

Darüber hinaus stellte das 2022 eingeführte technische Reglement, das große Änderungen am Fahrzeugboden und an der Aerodynamik vorsah, um engere Rennen zu fördern, eine weitere Anpassungsherausforderung dar. Mercedes reagierte mit einer Überarbeitung seines Fahrzeugdesigns und konzentrierte sich auf Innovationen, die den neuen Regeln entsprechen und gleichzeitig das Leistungsniveau beibehalten. Dazu gehörte die Entwicklung eines neuen Fahrzeugbodens, der dem Reglement von 2022 entspricht, das den Abtrieb reduziert, aber möglicherweise die Rennbarkeit der Autos erhöht.

Die Fähigkeit von Mercedes, sich an diese Regeländerungen anzupassen, spiegelt ihren proaktiven Ansatz für das dynamische regulatorische Umfeld der Formel 1 wider. Ihr anhaltender Erfolg hängt nicht nur von ihrer Innovationsfähigkeit als Reaktion auf neue technische Herausforderungen ab, sondern auch von ihrer strategischen Weitsicht bei der Antizipation künftiger regulatorischer Veränderungen. Diese adaptive Strategie stellt sicher, dass Mercedes nicht nur das aktuelle Reglement einhält, sondern auch gut vorbereitet ist, um neue Chancen zu nutzen, wenn sie sich bieten, und seinen Wettbewerbsvorteil in der schnelllebigen Welt des Formel-1-Rennsports zu behaupten.

Technische Rückschläge und Erholungen

Selbst die erfolgreichsten Teams in der Formel 1, wie Mercedes-AMG Petronas, erleben technische Rückschläge, die ihre Widerstandsfähigkeit, Anpassungsfähigkeit und technischen Fähigkeiten auf die Probe stellen. Der Beginn der neuen Ära des

Reglements im Jahr 2022 stellte Mercedes vor solche Herausforderungen, insbesondere im Zusammenhang mit der Anpassung des Autos an bedeutende Änderungen im technischen Reglement, die darauf abzielen, engere und wettbewerbsfähigere Rennen zu fördern.

In der Saison 2022 wurde ein Reglement eingeführt, das das Fahrzeugdesign grundlegend veränderte und sich insbesondere auf die Aerodynamik und das Verhalten des Luftstroms unter und um das Auto auswirkte. Mercedes hatte Probleme mit der Leistung seines Autos, insbesondere mit "Porpoising" - einem Phänomen, bei dem das Auto aufgrund aerodynamischer Effekte bei hohen Geschwindigkeiten hüpft. Dieses Problem wirkte sich nicht nur auf die Geschwindigkeit und das Handling des Fahrzeugs aus, sondern stellte auch eine große Herausforderung für den Komfort und die Sicherheit des Fahrers dar.

Die erste Reaktion von Mercedes auf diese

Herausforderungen bestand darin, tief in die Datenanalyse und Simulation einzutauchen. Die Ingenieure des Teams arbeiteten unermüdlich daran, die Ursachen der Leistungsprobleme zu verstehen, indem sie ausgeklügelte Berechnungsmodelle und reale Tests einsetzten, um Erkenntnisse zu sammeln und Hypothesen zu testen. Dieser Prozess war entscheidend für die Identifizierung effektiver Lösungen, um die aerodynamischen Probleme zu mildern und die allgemeine Stabilität und Leistung des Fahrzeugs zu verbessern.

Im Laufe der Saison hat Mercedes eine bemerkenswerte Fähigkeit bewiesen, seinen Ansatz weiterzuentwickeln und das Design seines Autos zu verfeinern. Es wurden Anpassungen am Boden, an der Aufhängung und an der Gewichtsverteilung vorgenommen, um den Porpoising-Effekt zu bekämpfen und die aerodynamische Effizienz zu verbessern. Diese Entwicklungen zur Saisonmitte waren entscheidend, da sie nicht nur die Leistung des Fahrzeugs verbesserten, sondern auch die Fähigkeit von Mercedes demonstrierten, dynamisch auf neue Herausforderungen zu reagieren.

Die Fähigkeit des Teams, diese technischen Rückschläge mitten in der Saison zu beheben und signifikante Verbesserungen vorzunehmen, spiegelt seine starke Organisationskultur wider, die sich auf kontinuierliche Verbesserung und technische Exzellenz konzentriert. Die Problemlösungsfähigkeiten der Ingenieure und Designer von Mercedes wurden auf die Probe gestellt, und ihre Reaktion unterstrich die Tiefe des Know-hows innerhalb des Teams. Die iterativen Verbesserungen retteten nicht nur die Saison, sondern lieferten auch wertvolle Lektionen, die in zukünftige Fahrzeugdesigns und strategische Entscheidungen einfließen sollten.

Darüber hinaus stärkte die Erfahrung, diese technischen Herausforderungen zu meistern, die

Widerstandsfähigkeit des Teams. In einem so wettbewerbsintensiven und technisch anspruchsvollen Sport wie der Formel 1 ist die Fähigkeit, sich schnell von Rückschlägen zu erholen, genauso wichtig wie die Fähigkeit zur Innovation. Der Umgang von Mercedes mit den Herausforderungen 2022 hat seine robuste technische Infrastruktur und sein unerschütterliches Engagement unter Beweis gestellt, seinen Status als Marktführer in diesem Sport auch angesichts neuer und unerwarteter Herausforderungen zu behaupten.

Die technischen Rückschläge, die Mercedes in der Formel-1-Saison 2022 erlitten hat, und ihre anschließende Aufholjagd verdeutlichen das anhaltende Engagement des Teams für Exzellenz und Innovation. Ihre Fähigkeit, ihr Auto mitten in der Saison unter dem neuen Reglement anzupassen, zu verfeinern und zu verbessern, unterstreicht ihren technischen Scharfsinn und ihre Widerstandsfähigkeit, entscheidende

Eigenschaften, die ihren Erfolg in der sich ständig weiterentwickelnden Welt des Formel-1-Rennsports weiterhin ausmachen.

Der psychologische Kampf

Die psychologischen Dimensionen des Formel-1-Rennsports, die das Management von Druck, Teammoral und Fahreregos umfassen, stellen ebenso gewaltige Herausforderungen dar wie die technischen Aspekte des Sports. Das Mercedes-AMG Petronas Formel 1 Team hat nicht nur im Bereich der technischen und strategischen Exzellenz außergewöhnliche Fähigkeiten bewiesen, sondern auch bei der Bewältigung dieser psychologischen Komplexität. Die Führung von Toto Wolff hat maßgeblich dazu beigetragen, eine Teamkultur zu kultivieren, die mentale Widerstandsfähigkeit in den Vordergrund stellt und Spitzenleistungen unter dem starken Druck des Formel-1-Wettbewerbs unterstützt.

In der Formel 1, in der viel auf dem Spiel steht, ist der Druck auf Teams und Fahrer immens. Jedes Rennwochenende stellt eine mentale Herausforderung dar, bei der das gesamte Team im globalen Rampenlicht fehlerfrei arbeiten muss. Es ist entscheidend, diesen Druck effektiv zu bewältigen, und Mercedes hat robuste Strategien entwickelt, um sicherzustellen, dass sowohl Fahrer als auch Teammitglieder unterstützt werden. Psychologische Unterstützung, einschließlich des Zugangs zu Sportpsychologen und maßgeschneiderten Programmen zur mentalen Resilienz, spielt eine Schlüsselrolle bei der Vorbereitung des Teams auf die Anforderungen der Rennsaison.

Die Aufrechterhaltung der Teammoral, insbesondere in schwierigen Zeiten, ist ein weiterer kritischer Aspekt des psychologischen Kampfes in der Formel 1. Rückschläge wie Rennzwischenfälle, technische Ausfälle oder Phasen mit unterdurchschnittlicher Leistung können den

Teamgeist erheblich beeinträchtigen. Unter Wolffs Führung hat Mercedes eine Kultur der Transparenz und offenen Kommunikation gefördert, um sicherzustellen, dass sich alle Teammitglieder wertgeschätzt und als Teil der kollektiven Mission fühlen. Dieser Ansatz hat dazu beigetragen, Motivation und Engagement aufrechtzuerhalten, auch wenn Herausforderungen auftreten, indem er das Gefühl der Einheit und des gemeinsamen Ziels stärkt.

Der Umgang mit Fahrer-Egos, insbesondere in einem Team, das ständig um Meisterschaften kämpft, erfordert einen nuancierten Ansatz. Die intensive Rivalität zwischen Lewis Hamilton und Nico Rosberg zum Beispiel erforderte einen sorgfältigen Umgang, um sicherzustellen, dass die Spannungen im Wettbewerb die Teamdynamik nicht untergraben. Wolffs Ansatz bestand oft darin, die Führung von Unternehmen mit Empathie in Einklang zu bringen, die individuellen Bedürfnisse und Wünsche jedes Fahrers zu erkennen und sie auf ein gemeinsames Ziel auszurichten. Seine Fähigkeit, diese Beziehungen effektiv zu managen, war entscheidend dafür, dass sich die Fahrer ohne nachteilige Konflikte auf ihre Leistung konzentrieren konnten.

Darüber hinaus erfordert die Förderung einer Teamkultur, die Spitzenleistungen unterstützt, die Schaffung eines Umfelds, in dem kontinuierliche Verbesserung die Norm ist und die psychologische Widerstandsfähigkeit aktiv entwickelt wird. Mercedes hat sich durch die Schaffung eines unterstützenden und herausfordernden Umfelds hervorgetan, in dem das Lernen aus Fehlern, psychologische Ausdauer und kollektive Leistung Teil des Ethos sind. Diese Kultur hilft dem Team nicht nur, den Druck des Rennsports zu bewältigen, sondern trägt auch dazu bei, dass es sich stärker und geschlossener von Rückschlägen erholen kann.

Insgesamt ergänzt die Kompetenz von Mercedes im Umgang mit den psychologischen Aspekten des

Formel-1-Rennsports ihre technischen und strategischen Stärken. Der ganzheitliche Ansatz von Toto Wolff und dem Führungsteam stellt sicher, dass jede Facette des Teambetriebs auf Erfolg ausgerichtet ist, und zeigt, dass mentale Stärke und Teamzusammenhalt für den Rennsieg ebenso wichtig sind wie die Motoren und die Aerodynamik. Dieser umfassende Fokus auf die mentalen und technischen Herausforderungen des Sports hat die Position von Mercedes als dominierende Kraft in der Formel 1 gefestigt.

Lehren

Während seiner gesamten Reise in der Formel 1 hat sich das Mercedes-AMG Petronas Formel 1 Team kontinuierlich weiterentwickelt, angetrieben von der tiefgreifenden Fähigkeit, wertvolle Lehren aus den Höhen des Sieges und den Tiefen von Rückschlägen zu ziehen. Die Herausforderungen und Rivalitäten, denen sie begegnet sind, haben nicht nur ihren Mut auf die Probe gestellt, sondern auch als wichtige Lernerfahrungen gedient, die ihre Herangehensweise an den Rennsport und das Teammanagement verfeinert haben.

Die Anpassungsfähigkeit des Teams wurzelt in seinem Engagement für eine Kultur der kontinuierlichen Verbesserung. Jedes Rennen, egal ob es zu einem Sieg oder einer Niederlage führt, wird akribisch analysiert, um sowohl die zu stärkenden Stärken als auch die verbesserungsbedürftigen Bereiche zu identifizieren. Diese strenge Analyse bezieht das gesamte Team ein – von Ingenieuren und Strategen bis hin zu Fahrern und Mechanikern – und stellt sicher, dass die gewonnenen Erkenntnisse auf allen Ebenen des Betriebs integriert werden.

Eine der wichtigsten Lektionen, die Mercedes gelernt hat, ist die Bedeutung von Resilienz. Im dynamischen und oft unberechenbaren Umfeld der Formel 1 ist die Fähigkeit, sich von Widrigkeiten zu erholen, von unschätzbarem Wert. Mercedes stand vor technischen Herausforderungen, wie z. B. Problemen mit der Leistung oder Zuverlässigkeit des Autos und strategischen Fehlern in Rennen, die wertvolle Punkte gekostet haben. Jeder Vorfall hat zu einer gründlichen Überprüfung der Verfahren und Strategien geführt, was zu stärkeren und effektiveren Ansätzen geführt hat.

Darüber hinaus haben die intensiven Rivalitäten, insbesondere die zwischen Lewis Hamilton und Nico Rosberg, Mercedes gelehrt, wie wichtig es ist, die Dynamik innerhalb des Teams zu managen. Um die Wettbewerbsambitionen einzelner Fahrer auszubalancieren und gleichzeitig die Einheit des Teams zu wahren, sind nuancierte Führung und klare Kommunikation erforderlich. Diese Erfahrung hat die Strategien des Teams für den Umgang mit ähnlichen Situationen in der Zukunft geschärft und sichergestellt, dass der Wettbewerb zwischen den Teamkollegen die Gesamtleistung des Teams verbessert und nicht beeinträchtigt.

Mercedes hat auch gelernt, wie wichtig Flexibilität in seiner strategischen Planung ist. Das sich schnell entwickelnde Reglement der Formel 1 verlangt von den Teams, agil zu sein und sich schnell an Veränderungen in der technischen oder regulatorischen Landschaft anzupassen. Die Fähigkeit von Mercedes, diese Veränderungen zu antizipieren und darauf zu reagieren, neue Technologien zu integrieren und Strategien entsprechend anzupassen, hat sie an der Spitze des Sports gehalten.

Eine weitere wichtige Lektion war die Integration von Nachhaltigkeit in ihren Betrieb, nicht nur als Compliance-Maßnahme, sondern als Kernaspekt ihrer Rennphilosophie. Während sich die Formel 1 in Richtung umweltfreundlicherer Technologien bewegt, ist Mercedes führend bei der Entwicklung effizienter und nachhaltiger Rennlösungen. Dieser proaktive Ansatz zur Nachhaltigkeit bereitet das Team auf zukünftige Vorschriften und Veränderungen der globalen Automobiltrends vor.

Der anhaltende Erfolg von Mercedes in der Formel 1 ist ein Beweis für ihre Fähigkeit, kontinuierlich zu lernen und sich anzupassen. Jede Herausforderung und Rivalität hat wertvolle Lektionen geliefert, die ihre strategischen Ansätze verbessert, ihre Abläufe verfeinert und ihr Teamethos gestärkt haben. Diese Lern- und Anpassungsfähigkeit ist ein Eckpfeiler ihrer Dominanz in der Formel 1 und stellt sicher, dass Mercedes nicht nur wettbewerbsfähig bleibt, sondern auch neue Maßstäbe in diesem Sport setzt.

Kapitel 9: Auswirkungen auf die Formel 1

Beiträge zu Sicherheit und Technik

Die Rolle von Mercedes-Benz als Vorreiter in der automobilen Sicherheit und Technologie ist gut etabliert und hat sowohl den kommerziellen als auch den Rennsportsektor maßgeblich beeinflusst. In der Formel 1, in der die Margen für Sicherheit und Leistung ständig getestet werden, ist Mercedes führend bei der Einführung innovativer Technologien, die die Sicherheit des Fahrers und die Fahrzeugleistung verbessern.

Einer der wichtigsten Bereiche, in denen Mercedes wesentliche Beiträge geleistet hat, ist die Entwicklung fortschrittlicher Sicherheitssysteme für die Formel 1. Ihre Arbeit an der Verbesserung von Crashtest-Simulationen war von entscheidender Bedeutung. Durch den Einsatz ausgefeilter

Modellierungstechniken und strenger Testprotokolle hat Mercedes dazu beigetragen, das Verständnis dafür zu verbessern, wie sich Formel-1-Autos unter Crashbedingungen verhalten. Dies hat zur Entwicklung robusterer Sicherheitsmerkmale geführt, die heute in allen Teams Standard sind, wie z. B. verbesserte Crashstrukturen und bessere Energieabsorptionsmaterialien.

Neben den Sicherheitssimulationen hat sich Mercedes auch darauf konzentriert, die Steifigkeit des Autos zu erhöhen, ohne das Gewicht zu beeinträchtigen. Dabei werden fortschrittliche Materialien verwendet, die sowohl leicht als auch außergewöhnlich stark sind und so die strukturelle Integrität des Fahrzeugs in Szenarien mit hohem Aufprall erhalten. Diese Fortschritte in der Materialwissenschaft machen die Autos nicht nur sicherer, sondern tragen auch zu ihrer aerodynamischen Gesamteffizienz bei, sodass sie unter den unterschiedlichen Bedingungen des Formel-1-Rennsports eine bessere Leistung erbringen können.

Über die Sicherheit hinaus war Mercedes auch ein Pionier bei der Verbesserung der Leistung und Effizienz von Formel-1-Autos durch die Entwicklung der Hybridtechnologie. Die Einführung der Turbo-Hybrid-Ära in der Formel 1 war eine bedeutende Veränderung für den Sport, die nicht nur Geschwindigkeit, sondern auch Energieeffizienz betonte. Mercedes zeichnete sich in diesem neuen Umfeld durch die Entwicklung von Triebwerken aus, die die gesetzlichen Standards für Effizienz und Emissionen nicht nur erfüllten, sondern oft sogar übertrafen. Ihre Hybridsysteme, die die Rückgewinnung und den Einsatz von Energie geschickt steuern, haben im Sport neue Maßstäbe für das technisch Mögliche gesetzt, indem sie Leistung mit reduziertem Kraftstoffverbrauch und Emissionen kombinieren.

Die Integration dieser Technologien in die Formel 1 durch Mercedes hat nicht nur zu ihrem

Wettbewerbsvorteil beigetragen, sondern auch das gesamte Feld dazu gebracht, ähnliche Innovationen einzuführen. Infolgedessen hat der Sport Verbesserungen bei den allgemeinen Sicherheitsstandards und eine Entwicklung hin zu nachhaltigeren Rennpraktiken erfahren. Diese Führungsrolle in Technologie und Sicherheit spiegelt das breitere Engagement von Mercedes-Benz für Exzellenz und Innovation wider, das über die Rennstrecke hinausgeht und globale Automobildesigns und -standards beeinflusst.

Das kontinuierliche Streben von Mercedes-Benz nach Innovationen in den Bereichen Sicherheit und Technologie in der Formel 1 ist ein Beispiel für seine führende Rolle in der Automobilindustrie. Ihre Beiträge haben nicht nur den Wettbewerbscharakter des Sports verbessert, sondern auch dafür gesorgt, dass Sicherheit und Effizienz weiterhin an der Spitze des technologischen Fortschritts im Motorsport stehen. Dieses Engagement, die Grenzen des Machbaren zu erweitern, hält Mercedes an der Spitze sowohl im kommerziellen als auch im Rennsportsektor.

Nachhaltigkeitsbemühungen im Motorsport

Da das globale Bewusstsein und die Vorschriften für Umweltauswirkungen zunehmen, hat das Mercedes-AMG Petronas Formel 1 Team eine führende Rolle bei der Förderung der Nachhaltigkeit im Motorsport übernommen. Ihr umfassender Ansatz geht weit über die bloße Einhaltung von Vorschriften hinaus und bettet Nachhaltigkeit in die Struktur ihres Betriebs und ihrer Rennstrategie ein.

Mercedes hat Pionierarbeit bei der Verwendung fortschrittlicher Materialien beim Bau seiner Formel-1-Autos geleistet. Diese Materialien sind nicht nur leicht und langlebig, was die Leistung und Effizienz verbessert, sondern auch nachhaltiger. So hat das Team zunehmend Komponenten aus recycelten Materialien und Verbundwerkstoffen eingebaut, die am Ende ihrer Lebensdauer wiederverwendet oder recycelt werden können. Diese Bemühungen reduzieren die Umweltbelastung, die mit der Herstellung und Entsorgung von Autoteilen verbunden ist.

Über die Fahrzeuge selbst hinaus hat Mercedes seine Betriebspraktiken überarbeitet, um die Nachhaltigkeit zu fördern. Dazu gehören erhebliche Änderungen in der Art und Weise, wie sie Logistik und Reisen verwalten. Das Team hat Reiserouten und Logistik optimiert, um die Emissionen im Zusammenhang mit dem Transport von Ausrüstung und Personal zu den Rennorten auf der ganzen Welt zu reduzieren. Darüber hinaus hat Mercedes in seinen Fabriken und Büros energieeffiziente Praktiken eingeführt, wie z. B. die Verwendung erneuerbarer Energiequellen, LED-Beleuchtung und fortschrittlicher Klimatisierungstechnologien, um den Energieverbrauch zu minimieren.

Das Engagement von Mercedes für Nachhaltigkeit

zeigt sich auch in den Einrichtungen. Der Hauptsitz und die Entwicklungszentren des Teams wurden modernisiert, um die Energieeffizienz zu verbessern und Abfall zu reduzieren. Diese Anlagen verwenden modernste Systeme für Wasserrecycling, Abfallmanagement und Energieverbrauch und setzen damit einen Maßstab in der Branche für Umweltverantwortung.

An der Rennstrecke hat Mercedes nachhaltige Catering-Praktiken eingeführt, Einwegplastik reduziert und Lebensmittel aus der Region priorisiert, um den CO_2-Fußabdruck zu minimieren. Dieser Ansatz unterstützt nicht nur die lokalen Gemeinschaften, sondern reduziert auch die Umweltkosten, die mit dem Transport und der Verpackung von Lebensmitteln verbunden sind.

Die Nachhaltigkeitsbemühungen von Mercedes erstrecken sich auf eine breitere Interessenvertretung innerhalb der Formel 1. Das Team beteiligt sich aktiv an Diskussionen mit dem Formel-1-Management und anderen Teams, um die

Nachhaltigkeit im gesamten Sport zu fördern. Ihr Einfluss hat zu einer breiteren Akzeptanz nachhaltiger Praktiken innerhalb der Formel-1-Community beigetragen und den Sport zu umweltfreundlicheren Standards geführt.

Durch die Integration von Nachhaltigkeit in jeden Aspekt ihrer Formel-1-Teilnahme reduziert Mercedes nicht nur seine Umweltbelastung, sondern geht auch mit gutem Beispiel voran und zeigt, dass Wettbewerbserfolge erzielt werden können, ohne Kompromisse bei der Umweltverantwortung einzugehen. Dieser ganzheitliche Ansatz stellt sicher, dass ihr Streben nach umweltfreundlicherem Rennsport in der gesamten Motorsportbranche widerhallt und andere Teams und Interessengruppen ermutigt, ähnliche Praktiken zu übernehmen und zu einer nachhaltigeren Zukunft des Sports beizutragen.

Zukunftsaussichten und Elektro-Ventures

Die strategische Zukunftsvision von Mercedes-Benz steht im Mittelpunkt der Elektromobilität und spiegelt das breitere Engagement des Unternehmens für Innovation und Nachhaltigkeit wider. Dieser Fokus erstreckt sich sowohl auf das Angebot an Verbraucherfahrzeugen als auch auf die Motorsportbemühungen, insbesondere durch die aktive Teilnahme an der Formel E, der weltweit führenden vollelektrischen Motorsportserie. Dieses Engagement unterstreicht nicht nur ihr Engagement für die Weiterentwicklung der Elektrofahrzeugtechnologie, sondern positioniert sie auch als führend bei der globalen Umstellung auf nachhaltigere Verkehrsformen.

Der Einstieg von Mercedes in die Formel E ist ein klares Zeichen für das Engagement von Mercedes in der Elektromobilität. Die Baureihe dient als öffentlichkeitswirksame Plattform für die Entwicklung und Erprobung von

Elektrofahrzeugtechnologien unter Wettbewerbsbedingungen und ermöglicht es Mercedes, Antriebssysteme, Batteriemanagementtechniken und Energieeffizienzstrategien zu verfeinern. Diese Fortschritte wirken sich direkt auf ihren Ansatz bei der Produktion von Elektrofahrzeugen aus und stellen sicher, dass die Technologie sowohl auf dem neuesten Stand als auch zuverlässig ist. Darüber hinaus bietet die Formel E Mercedes ein Labor, um innovative Nachhaltigkeitspraktiken zu erforschen, die in anderen Geschäftsbereichen umgesetzt werden können.

Die Erkenntnisse und Fortschritte aus der Formel E haben erhebliche Auswirkungen auf die Formel-1-Aktivitäten von Mercedes. Da sich die Formel 1 mit einem stärkeren Schwerpunkt auf Nachhaltigkeit entwickelt, einschließlich der Einführung nachhaltiger Kraftstoffoptionen und eines Vorstoßes in Richtung Kohlenstoffneutralität, wird das Know-how, das Mercedes in der Formel E entwickelt, immer wertvoller. Diese Überschneidung von Technologie und Strategie verbessert die Anpassungsfähigkeit des F1-Teams und positioniert es an der Spitze der Umweltentwicklung des Sports.

Die Technologien, die in den hochbelasteten Hochleistungsumgebungen der Formel E und Formel 1 verfeinert wurden, liefern wichtige Erkenntnisse, die Mercedes zur Verbesserung seiner Elektrofahrzeuge nutzt. Innovationen in der Batterietechnologie, Energierückgewinnungssysteme und elektrischen Antriebssträngen, die für den Rennsport entwickelt wurden, werden angepasst, um die Effizienz, Leistung und Zuverlässigkeit der kommerziellen Elektrofahrzeuge von Mercedes zu verbessern. Das stärkt nicht nur die Leistungsmerkmale, die die Kunden von Mercedes erwarten, sondern sorgt auch dafür, dass diese Fahrzeuge umweltfreundlich sind.

Das Engagement von Mercedes-Benz im

elektrischen Motorsport und das Engagement von Mercedes-Benz, diese Technologien in Verbraucherfahrzeuge zu integrieren, spielen eine entscheidende Rolle bei der Förderung branchenweiter Innovationen. Durch die Demonstration der Lebensfähigkeit und des Leistungspotenzials von Elektrofahrzeugen setzt Mercedes nicht nur Maßstäbe für andere Hersteller, sondern trägt auch dazu bei, die Wahrnehmung der Verbraucher über Elektromobilität zu verändern. Ihre Führungsrolle in diesem Bereich fördert eine breitere Einführung von Elektrofahrzeugen, trägt zu einer Reduzierung der Automobilemissionen bei und fördert eine nachhaltigere Zukunft für den globalen Verkehr.

Mit Blick auf die Zukunft ist Mercedes-Benz gut aufgestellt, um im Bereich der Elektromobilität weiterhin führend zu sein. Mit kontinuierlichen Investitionen in Forschung und Entwicklung und einem festen Bekenntnis zu nachhaltigen Praktiken will Mercedes sein Angebot an Elektrofahrzeugen erweitern und Spitzentechnologien weiter in seine Produktpalette integrieren. Dieser proaktive Ansatz stellt sicher, dass Mercedes nicht nur den sich wandelnden Anforderungen des globalen Marktes gerecht wird, sondern auch zum Übergang der Automobilindustrie in eine nachhaltigere, umweltfreundlichere Zukunft beiträgt.

Mercedes in der Populärkultur

Die Bedeutung von Mercedes-Benz in der Formel 1 hat nicht nur seine Ingenieurs- und Wettbewerbsfähigkeit unterstrichen, sondern auch seinen kulturellen und kommerziellen Fußabdruck erheblich verbessert. Der beständige Erfolg des Teams in der Königsklasse des Motorsports hat die Marke Mercedes zu neuen Höhen geführt, die Automobilkultur beeinflusst und die Verbraucherpräferenzen auf globaler Ebene geprägt.

Die Sichtbarkeit von Mercedes in den populären

Medien war ein entscheidender Faktor für diese kulturelle Durchdringung. Ihre Formel-1-Fahrer, wie Lewis Hamilton, eine der bekanntesten Figuren des Sports, sind regelmäßig in Werbekampagnen zu sehen. Diese Kampagnen heben oft die Synergie zwischen den Hochleistungs-Straßenfahrzeugen von Mercedes und ihren Formel-1-Maschinen hervor und betonen Attribute wie Präzision, Innovation und fortschrittliche Technologie. Diese Strategie zeigt nicht nur ihre technische Exzellenz, sondern richtet die Marke auch an den Werten Erfolg und Anspruch aus und spricht ein breites Publikum an.

Darüber hinaus erstreckt sich das Engagement von Mercedes auf digitale und interaktive Medien, einschließlich Auftritten in beliebten Videospielen und mobilen Anwendungen im Zusammenhang mit dem Rennsport. Diese Präsenz ermöglicht es Fans und Verbrauchern, sich mit der Marke Mercedes in einer immersiven Umgebung zu beschäftigen und ihre Position in der Popkultur weiter zu festigen. Die digitale Darstellung von Mercedes-Fahrzeugen auf diesen Plattformen ist oft akribisch detailliert und bietet den Nutzern ein virtuelles Erlebnis ihrer fortschrittlichen Leistungs- und Luxusmerkmale, was die Attraktivität der Marke insbesondere bei jüngeren Bevölkerungsgruppen erhöht.

Auch die Verfügbarkeit von Markenartikeln spielt eine wichtige Rolle bei der Festigung des kulturellen Status von Mercedes. Fans auf der ganzen Welt tragen Markenkleidung, Druckgussmodelle und andere Waren, die nicht nur als Einnahmequelle, sondern auch als Instrument zur Markenstärkung dienen. Jedes Merchandise fungiert als mobile Werbetafel, die Markenbekanntheit verbreitet und Mercedes mit einem Lebensstil von Eleganz und Leistung verbindet.

Diese breite Anziehungskraft hat Mercedes dabei geholfen, neue Märkte und demografische Gruppen zu erreichen. Durch die Verbindung mit der Formel l – einem Sport, der ein bedeutendes globales Publikum hat und Rennen auf mehreren Kontinenten austrägt – erschließt Mercedes eine vielfältige Fangemeinde. Diese internationale Präsenz ist von entscheidender Bedeutung, da sie nicht nur dazu beiträgt, ein hohes Maß an Markenbekanntheit aufrechtzuerhalten, sondern auch sicherstellt, dass Mercedes-Benz sowohl in Bezug auf Leistung als auch Innovation als weltweit führend wahrgenommen wird.

Der Erfolg von Mercedes in der Formel 1 war ein Katalysator für das Wachstum des Unternehmens zu einer kulturellen Ikone in der Automobilwelt und darüber hinaus. Durch strategische Medienpräsenz, ansprechende Marketingkampagnen und weit verbreitete Merchandising-Bemühungen hat Mercedes sein Motorsport-Erbe effektiv genutzt, um seine Markenattraktivität zu steigern und die Automobilkultur und die Verbraucherpräferenzen weltweit zu beeinflussen. Dieser facettenreiche Ansatz stellt sicher, dass Mercedes-Benz nicht nur in der sich schnell entwickelnden Welt der Automobilindustrie relevant bleibt, sondern auch weiterhin als Leuchtturm für Leistung, Luxus und Innovation führend bleibt.

Fangemeinde und globale Reichweite

Die weltweite Fangemeinde des Mercedes-AMG Petronas Formel 1 Teams ist ein Beweis für den anhaltenden Erfolg des Teams und die universelle Anziehungskraft seiner Fahrer, insbesondere von Lewis Hamilton, dessen Starpower weit über die Rennstrecke hinausgeht. Die strategische Nutzung digitaler Plattformen und sozialer Medien hat eine entscheidende Rolle bei der Erweiterung der Reichweite und der Vertiefung der Verbindung zu Fans weltweit gespielt.

Mercedes beherrscht die Kunst des digitalen Engagements und nutzt Plattformen wie Twitter, Instagram, Facebook und YouTube, um mit den Fans auf dynamische und immersive Weise zu interagieren. Durch das Teilen von Inhalten hinter den Kulissen, wie Videos vom Boxenstopp-Training, technischen Einblicken und Fahrerinterviews, bietet das Team den Fans einen Einblick in das Innenleben des Formel-1-Rennsports, der bisher nicht zugänglich war. Diese Transparenz und Offenheit hilft den Fans, sich mehr mit dem Team und seinen Fahrern verbunden zu fühlen, und fördert ein starkes Gemeinschaftsgefühl und Loyalität.

Darüber hinaus nutzt Mercedes diese Plattformen, um große und kleine Erfolge und Meilensteine zu feiern und das Engagement der Fans weiter zu verbessern. Live-Fragerunden mit Fahrern und Teammitarbeitern, interaktive Umfragen und virtuelle Garagentouren sind nur einige Beispiele dafür, wie das Team Technologie einsetzt, um die Barrieren zwischen Fans und Sport abzubauen. Diese Initiativen halten nicht nur die Fans bei der Stange, sondern ziehen auch neue Anhänger an, indem sie zugängliche und überzeugende Inhalte anbieten, die ihr Verständnis und ihre Freude an der Formel 1 verbessern.

Die Auswirkungen des digitalen Engagements von Mercedes erstrecken sich auf Echtzeit-Interaktionen an Rennwochenenden. Die Social-Media-Kanäle des Teams bieten Updates, Statistiken und Kommentare und sind damit eine Anlaufstelle für Fans, die die Rennen live verfolgen. Dieser kontinuierliche Strom von Inhalten stellt sicher, dass sich die Fans, unabhängig davon, wo auf der Welt sie sich befinden, als Teil der Aufregung am Renntag fühlen können, was ihre Verbindung zum Team weiter festigt.

Der Ansatz von Mercedes zur Fanbindung umfasst auch den Einsatz ausgefeilterer digitaler Tools und Plattformen. Die offizielle App des Teams bietet beispielsweise personalisierte Inhalte, Push-Benachrichtigungen über Rennentwicklungen und exklusive Multimedia-Inhalte, die auf das Fanerlebnis zugeschnitten sind. Solche digitalen Innovationen halten nicht nur die Fangemeinde bei der Stange, sondern sammeln auch wertvolle Daten über die Vorlieben und das Verhalten der Fans, was wiederum dem Team hilft, seine Marketingstrategien und Faninteraktionen zu verfeinern.

Dieser strategische Einsatz digitaler Plattformen hat nicht nur die globale Reichweite von Mercedes erweitert, sondern auch einen neuen Standard für die Interaktion mit den Fans im Sport gesetzt. Durch die effektive Interaktion mit seiner Fangemeinde hat Mercedes nicht nur eine Fangemeinde aufgebaut, sondern auch eine globale Gemeinschaft von Fans aufgebaut, die sich stark für die Reise des Teams einsetzen. Dieses Engagement hat maßgeblich dazu beigetragen, die Popularität des Teams aufrechtzuerhalten und dafür zu sorgen, dass seine Fangemeinde sowohl an Größe als auch an Vielfalt weiter wächst. Der Erfolg der Fan-Engagement-Strategie von Mercedes zeigt, wie digitale Plattformen genutzt werden können, um die globale Präsenz eines Teams zu verstärken und eine dauerhafte Verbindung zu Fans auf der ganzen Welt zu fördern.

Schlussfolgerung

Der tiefgreifende Einfluss von Mercedes auf die Formel 1 ist unbestreitbar und geht über die Grenzen der Rennstrecke hinaus, um neue Maßstäbe in Bezug auf Leistung, Innovation und Nachhaltigkeit zu setzen. Dieser Einfluss findet nicht nur im Bereich des Motorsports Anklang, sondern spiegelt sich auch in der gesamten Automobilindustrie wider und verändert die Art und Weise, wie Leistung und Nachhaltigkeit in das Gefüge des modernen Automobildesigns und -sports integriert werden.

Das unermüdliche Streben des Teams nach Exzellenz hat zu beispiellosen Erfolgen in der Formel 1 geführt, die durch ihre Dominanz in der Turbo-Hybrid-Ära gekennzeichnet ist. Diese Zeit zeigte nicht nur ihre technologischen Fähigkeiten, sondern auch ihren strategischen Scharfsinn, da sie ihre Fahrzeuge kontinuierlich weiterentwickelten, um dem strengen Wettbewerb und den strengen

Vorschriften einen Schritt voraus zu sein. Auf diese Weise hat Mercedes nicht nur auf der Strecke die Führung übernommen, sondern auch die technologische Entwicklung des Sports vorangetrieben und andere Teams und die Branche dazu gebracht, ihre eigenen Standards zu erhöhen.

Darüber hinaus war Mercedes ein Pionier bei der Integration von Nachhaltigkeit in seine Rennstrategie und hat sich an den globalen Veränderungen hin zu Umweltbewusstsein angepasst. Ihre Initiativen, die von der Entwicklung fortschrittlicher Hybridtechnologien bis hin zur Implementierung nachhaltiger Praktiken in ihren Betrieben reichen, haben sie als führend beim Übergang des Sports in eine grünere Zukunft positioniert. Diese Bemühungen spiegeln ein breiteres Engagement wider, um sicherzustellen, dass das Vermächtnis der Formel 1 nicht nur Geschwindigkeit und Wettbewerb feiert, sondern auch Verantwortung gegenüber unserem Planeten übernimmt.

Während sich die Formel 1 weiterentwickelt, bleibt die Rolle von Mercedes bei der Gestaltung ihres Kurses entscheidend. Der Sport steht an der Schwelle zu weiteren transformativen Veränderungen, mit Veränderungen hin zu nachhaltigeren Kraftstoffoptionen und noch größeren technologischen Fortschritten am Horizont. Die kontinuierlichen Investitionen von Mercedes in Innovation und seine proaktive Haltung zur Nachhaltigkeit werden wahrscheinlich einen erheblichen Einfluss darauf haben, den Sport in diese neuen Grenzen zu lenken.

Das Vermächtnis von Mercedes wird daher nicht nur durch die gewonnenen Rennen oder gewonnenen Meisterschaften definiert, sondern auch durch die breitere Wirkung ihres Engagements für Exzellenz und Innovation. Ihre Fähigkeit, hohe Leistung mit fortschrittlichen nachhaltigen Praktiken zu verbinden, bietet eine Blaupause für die Zukunft des Motorsports und der Automobiltechnik. Während sich der Sport weiterentwickelt, wird der anhaltende Einfluss von Mercedes zweifellos eine entscheidende Rolle bei der Definition der nächsten Ära der Formel 1 spielen und sicherstellen, dass das Unternehmen an der Spitze der technologischen Innovation und des Umweltschutzes bleibt. Die Zukunft des Motorsports wird, ähnlich wie seine Gegenwart, wahrscheinlich stark von den Visionen und Werten geprägt sein, die Mercedes auf die Strecke bringt.

Kapitel 10: Mercedes in der Populärkultur

Mercedes in Medien und Werbung

Das strategische Engagement von Mercedes-Benz in der Formel 1 hat das Markenimage des Unternehmens tiefgreifend gestärkt und es mit Werten wie Exzellenz, Innovation und Prestige in Einklang gebracht. Diese Ausrichtung wurde durch den ausgeklügelten Einsatz von Medien und Werbekampagnen effektiv genutzt, die eine entscheidende Rolle dabei gespielt haben, ihren Formel-1-Erfolg in ein gesteigertes Verbraucherinteresse und einen höheren Umsatz für ihre Straßenfahrzeuge umzusetzen.

Der Kern der Medienstrategie von Mercedes dreht sich um die Integration ihrer Formel-1-Erfolge mit ihren Marketingbemühungen für Verbraucher. Durch die Hervorhebung der technologischen

Innovationen und Leistungsleistungen auf der Rennstrecke verstärkt Mercedes die Wahrnehmung, dass seine Straßenfahrzeuge direkt von diesen Fortschritten profitieren. Dieses Narrativ ist für Verbraucher überzeugend, die sich von der Idee angezogen fühlen, Fahrzeuge zu besitzen, die den Höhepunkt der Automobiltechnologie und -technik verkörpern.

Die Einbindung hochkarätiger Formel-1-Fahrer, insbesondere von Lewis Hamilton, in die Werbekampagnen von Mercedes sorgt für eine dynamische Attraktivität. Hamilton, eine globale Sportikone, die nicht nur für seine Rennsportkünste, sondern auch für seinen Sinn für Mode und Aktivismus bekannt ist, verkörpert Qualitäten wie Führungsqualitäten, Exzellenz und zukunftsorientiertes Denken – Attribute, die Mercedes in seiner eigenen Marke widerspiegeln möchte. Durch die Zusammenarbeit mit Hamilton erschließt Mercedes nicht nur seine große Fangemeinde, sondern richtet seine Fahrzeuge auch auf sein Siegerimage und seine charismatische Ausstrahlung aus.

Diese Werbestrategien werden auf einer Vielzahl von Medienplattformen eingesetzt, von traditionellen Print- und Fernsehanzeigen bis hin zu digitalen und sozialen Medienkanälen. Mercedes nutzt diese Plattformen, um ansprechende Inhalte zu erstellen, die bei einem breiten Publikum Anklang finden. Dazu gehört alles von spannenden Werbespots, die die Leistung und Technologie ihrer Autos präsentieren, bis hin zu interaktiven Social-Media-Posts, die die Nutzer mit Einblicken hinter die Kulissen und exklusiven Inhalten rund um ihr Formel-1-Team ansprechen.

Darüber hinaus hebt die Werbung von Mercedes oft die direkte Abstammung von ihren Formel-1-Autos zu ihren Straßenfahrzeugen hervor, insbesondere in Bezug auf gemeinsame Technologie und Designphilosophie. Dieser Ansatz informiert die Verbraucher nicht nur über die technologische

Exzellenz der Mercedes-Fahrzeuge, sondern vermittelt auch ein Gefühl der Teilhabe an der geschichtsträchtigen Tradition der Marke im Motorsport. Den Kunden wird vorgegaukelt, dass sie sich mit Mercedes für ein Fahrzeug entscheiden, das der Höhepunkt jahrzehntelanger Innovation und Erfolgs in einem der wettbewerbsintensivsten Umgebungen der Welt ist.

Mercedes-Benz verbindet seinen Formel-1-Erfolg mit seinen Consumer-Fahrzeugen durch den Einsatz von Medien und Werbung und hat die Marktposition der Marke deutlich gestärkt. Durch die effektive Kommunikation der Begeisterung und Innovation der Formel 1 an eine breitere Verbraucherbasis stärkt Mercedes nicht nur sein Image als führendes Unternehmen in der Automobiltechnologie und -leistung, sondern stärkt auch seine Verbindung zu aktuellen und potenziellen Kunden und festigt sein Prestige auf dem Automobilmarkt weiter.

Einfluss auf die Automobilkultur

Die anhaltende Dominanz von Mercedes-Benz in der Formel 1 hat die Automobilkultur maßgeblich geprägt und die Marke als Synonym für Exzellenz in den Bereichen Leistung, Luxus und technologische Innovation etabliert. Dieser Einfluss geht weit über die Rennstrecke hinaus und hat einen tiefgreifenden Einfluss darauf, wie Enthusiasten und Verbraucher die Marke und ihre Fahrzeuge wahrnehmen und mit ihnen interagieren.

Das Prestige, das mit Mercedes-Benz verbunden ist, hat nicht nur mit dem Luxus oder dem Emblem zu tun – es ist tief im Engagement der Marke für Technologieführerschaft und Innovation verwurzelt. Dieses Engagement zeigt sich am deutlichsten durch den direkten Transfer modernster Technologien aus der Formel 1 auf Verbraucherfahrzeuge. Technologien, die im Hochdruckumfeld der Formel 1 entwickelt wurden, wie fortschrittliche Hybridsysteme, aerodynamische Effizienz und die Verwendung von Leichtbaumaterialien, werden für den Einsatz auf dem Verbrauchermarkt angepasst. Dieser Übergang steigert nicht nur die Leistung und Effizienz der Mercedes-Benz Automobile, sondern stellt auch sicher, dass die Marke an der Spitze der Automobilentwicklung bleibt.

Die Integration der Hybridtechnologie aus der Formel 1 in Straßenfahrzeuge ist ein besonders überzeugendes Beispiel für diesen Einfluss. Mercedes hat seine Erfahrung in der Entwicklung energieeffizienter und dennoch leistungsstarker Hybridmotoren für die Formel 1 genutzt, um die Umweltfreundlichkeit und Leistung seiner Verbrauchermodelle zu verbessern. Das macht ein Mercedes-Benz Fahrzeug zu einer attraktiven Wahl für alle, die umweltbewusst sind, aber auch hohe Leistungsansprüche stellen.

Darüber hinaus haben Fortschritte in der Aerodynamik und der Einsatz von

Leichtbaumaterialien in der Formel 1 zu ähnlichen Innovationen bei Mercedes-Benz Straßenfahrzeugen geführt. Der Schwerpunkt der Marke auf der Reduzierung des Luftwiderstands und der Verbesserung der Kraftstoffeffizienz ohne Kompromisse bei Geschwindigkeit oder Luxus spiegelt die Herausforderungen auf der Rennstrecke wider. Die erfolgreiche Integration dieser Elemente in Nutzfahrzeuge verbessert nicht nur deren Gesamtleistung und Effizienz, sondern zeigt auch die Innovations- und Führungsfähigkeit von Mercedes-Benz.

Der Besitz eines Mercedes-Benz Fahrzeugs wird so zu mehr als nur einer Luxusanschaffung; Es ist eine Teilnahme an einem Erbe fortschrittlicher, fortschrittlicher Automobiltradition. Diese Wahrnehmung wurde sorgfältig kultiviert und wird durch die Marketingstrategien von Mercedes-Benz kontinuierlich verstärkt, die die Innovationslinie hervorheben, die ihre Formel-1-Erfolge mit ihren Straßenfahrzeugen verbindet.

Diese nahtlose Mischung aus hoher Leistung, Spitzentechnologie und Luxus hat nicht nur das Ansehen von Mercedes-Benz in der Automobilindustrie erhöht, sondern auch die Automobilkultur im Allgemeinen beeinflusst. Enthusiasten und normale Verbraucher sehen die Marke gleichermaßen als Maßstab für das, was im Automobilbau möglich ist, der andere Hersteller inspiriert und die Branche vorantreibt. Damit ist Mercedes-Benz nicht nur führend in Bezug auf die Marktpräsenz, sondern auch bei der Beeinflussung der zukünftigen Ausrichtung von Automobildesign und -technologie.

Fangemeinde und globale Reichweite

Die globale Präsenz des Mercedes-AMG Petronas Formel 1 Teams in der Formel 1 hat eine umfangreiche und vielfältige Fangemeinde gefördert, die Kontinente, Sprachen und Kulturen umfasst. Diese große Reichweite wurde über verschiedene Kanäle strategisch gefördert und trug dazu bei, Mercedes nicht nur als Team im Sport, sondern auch als zentrale Figur in der kulturellen und gesellschaftlichen Landschaft der Formel 1 zu festigen.

Im Mittelpunkt der Fan-Engagement-Strategie von Mercedes steht die effektive Nutzung digitaler Plattformen. Social Media spielt eine zentrale Rolle, wobei das Team eine robuste Präsenz auf Plattformen wie Twitter, Instagram, Facebook und YouTube unterhält. Diese Kanäle werden nicht nur für Updates und Ankündigungen genutzt, sondern sind ein wesentlicher Bestandteil der täglichen Interaktion mit den Fans. Interaktive Inhalte wie Live-Fragerunden mit Fahrern und Teammitarbeitern, Umfragen, Quiz und Wettbewerbe fördern die aktive Teilnahme und das Gemeinschaftsgefühl unter den Fans. Diese digitalen Interaktionen werden durch immersive Inhalte wie virtuelle Garagentouren und Tech-Talks ergänzt, die den Fans ein tieferes Verständnis für den Sport und die Abläufe des Teams vermitteln.

Über den digitalen Bereich hinaus engagiert sich Mercedes-AMG Petronas auch mit seiner Fangemeinde durch Fan-Events und Meet-and-Greet-Möglichkeiten. Diese Veranstaltungen, die oft an Rennwochenenden oder zu besonderen Anlässen stattfinden, bieten den Fans die seltene Gelegenheit, mit ihren Lieblingsfahrern und Teammitgliedern persönlich zu interagieren. Solche Veranstaltungen verbessern das Fanerlebnis und machen die Unterstützung für das Team persönlicher und herzlicher.

Das Engagement des Teams für das Engagement der Fans erstreckt sich auch auf einen umfassenden Zugang hinter die Kulissen. Durch sorgfältig gestaltete Videos und Dokumentationen erhalten die Fans einen Einblick in das Innenleben des Teams, von der Rennvorbereitung bis zur Nachbesprechung nach dem Rennen. Diese Transparenz klärt nicht nur die Fans auf, sondern schafft auch Vertrauen und Loyalität, da sich die Fans mehr mit den Erfolgen und Herausforderungen des Teams verbunden fühlen.

Das Fan-Engagement von Mercedes profitiert auch vom Vertrieb von Markenartikeln. Von Kleidung und Accessoires bis hin zu Modellautos und Postern ermöglicht die Verfügbarkeit hochwertiger Waren den Fans, ihre Verbundenheit nach außen zu zeigen. Dieser Aspekt des Fan-Engagements dient nicht nur als Einnahmequelle, sondern trägt auch dazu bei, die Sichtbarkeit des Teams weltweit zu erhöhen, da Fans, die die Fanartikel des Teams tragen, effektiv zu Markenbotschaftern in ihren lokalen Gemeinschaften werden.

Das Ergebnis dieser umfassenden Bemühungen um die Einbindung der Fans ist eine lebendige, loyale Gemeinschaft von Formel-1-Enthusiasten, die das Team nicht nur während der Rennen unterstützen, sondern sich auch aktiv an Diskussionen, Debatten und Feiern des Vermächtnisses des Teams beteiligen. Dieses Engagement geht über passive Zuschauerzahlen hinaus und trägt dazu bei, die

Fangemeinde von Mercedes auch in Regionen zu erhalten und zu vergrößern, in denen die Formel 1 traditionell weniger beliebt war.

Die globale Reichweite und die leidenschaftliche Fangemeinde von Mercedes in der Formel 1 sind ein Beweis für den Erfolg des Teams auf und neben der Strecke. Durch strategisches Engagement und Community-Building-Initiativen hat Mercedes nicht nur seine sportlichen Ambitionen unterstützt, sondern auch das Fanerlebnis bereichert und die Formel 1 zu einem zugänglicheren und ansprechenderen Sport für Menschen auf der ganzen Welt gemacht.

Vermächtnis und Langlebigkeit in der Formel 1

Das illustre Erbe von Mercedes-Benz im Motorsport, insbesondere in der Formel 1, hat seinen Ruf als Vorbild für automobile Exzellenz gefestigt. Dieses Vermächtnis baut nicht nur auf den Erfolgen des Teams auf der Rennstrecke auf, sondern ist tief in einem kontinuierlichen Engagement für Innovation, Zuverlässigkeit und Führung verwurzelt. Diese Grundwerte spiegeln sich in allen Facetten der Geschäftstätigkeit von Mercedes-Benz wider und beeinflussen alles von der Formel-1-Rennstrategie bis hin zur Entwicklung von Verbraucherfahrzeugen und darüber hinaus.

Die Geschichte von Mercedes-Benz in der Formel 1 ist reich an Pionierleistungen und belastbaren Comebacks. Die Marke nahm zunächst an der Vorkriegszeit teil und kehrte in den 1950er Jahren in die Formel 1 zurück, sicherte sich zwei Konstrukteurstitel, bevor sie sich zurückzog und 2010 als Konstrukteur siegreich zurückkehrte. Diese Geschichte des Engagements, des Rückzugs und des erneuten Engagements in der Formel 1 zeigt einen strategischen Ansatz für den Motorsport, bei dem jede Phase der Teilnahme darauf ausgerichtet ist, technologische und strategische Fortschritte zu nutzen, die während des Rennsports erzielt wurden, um das kommerzielle Automobilangebot zu verbessern.

Die Herangehensweise von Mercedes-Benz an die Formel 1 ist sinnbildlich für die umfassendere Geschäftsphilosophie des Unternehmens – durch Innovation führend zu sein. Die im Hochdruckumfeld der Formel 1 entwickelten Fortschritte, wie energieeffiziente Hybridtechnologien, fortschrittliche Aerodynamik und Leichtbaumaterialien, haben sich in Verbesserungen der Leistung, Effizienz und Sicherheit der Verbraucherfahrzeuge von Mercedes-Benz niedergeschlagen. Dieser Technologietransfer unterstreicht nicht nur das Engagement der Marke für Qualität und Führerschaft, sondern stellt auch sicher, dass die von der Formel 1 vorangetriebenen Innovationen eine breitere Anwendung finden und einem breiteren Publikum zugute kommen.

Darüber hinaus zeigen die Aktivitäten der Marke in der Formel 1 eine Meisterklasse in Bezug auf

Zuverlässigkeit und Beständigkeit. Das Engagement von Mercedes-Benz für Präzisionstechnik und Qualitätssicherung in der Formel 1 hat zu einer unübertroffenen Zuverlässigkeit auf der Rennstrecke geführt. Diese Zuverlässigkeit spiegelt sich in den von ihnen produzierten Verbraucherfahrzeugen wider und stärkt den Ruf der Marke für Langlebigkeit und Qualität in den Augen der Öffentlichkeit.

Führung ist ein weiterer wichtiger Aspekt des Vermächtnisses von Mercedes-Benz in der Formel 1. Die Marke hat bei der Einführung neuer Technologien und Strategien immer wieder eine Vorreiterrolle übernommen, von der Einführung der Turbo-Hybrid-Motoren bis hin zum strategischen Einsatz von Datenanalysen und Teamdynamiken, die die Rennstrategien revolutioniert haben. Diese Führungsrolle geht über technische Aspekte hinaus, beeinflusst die regulatorischen und wettbewerbsorientierten Rahmenbedingungen des Sports und setzt sich für

Nachhaltigkeit und Sicherheit im Rennsport ein.

Das Engagement von Mercedes-Benz in der Formel 1 ist ein eindrucksvoller Beweis für sein Vermächtnis und seine Langlebigkeit im Motorsport. Die Marke hat die Formel-1-Plattform nicht nur effektiv genutzt, um ihre technischen Fähigkeiten zu demonstrieren, sondern auch, um ihre Kernwerte Innovation, Zuverlässigkeit und Führung zu stärken. Diese Werte ziehen sich durch den gesamten Betrieb und sind integraler Bestandteil der Gestaltung der Zukunft des Automobilbaus. Während sich die Formel 1 weiterentwickelt, wird das kontinuierliche Engagement von Mercedes-Benz für Exzellenz und Innovation mit Sicherheit eine wichtige Rolle bei der Gestaltung der Zukunft des Motorsports und der Automobiltechnologie weltweit spielen.

Schlussfolgerung

Das Narrativ von Mercedes in der Formel 1 umfasst mehr als nur eine Bilanz von Siegen und Meisterschaften. Es erzählt eine Geschichte von unermüdlichem Ehrgeiz, akribischer Präzision und visionärem Denken. Als zentrale Kraft in der Entwicklung des Motorsports hat Mercedes nicht nur immense Erfolge auf der Rennstrecke erzielt, sondern auch unauslöschliche Spuren in der breiteren Automobillandschaft und im kulturellen Gefüge hinterlassen.

Das Engagement von Mercedes in der Formel 1 hat maßgeblich dazu beigetragen, den Sport populär zu machen und ihn einem neuen Publikum und Märkten auf der ganzen Welt zugänglich zu machen. Ihr Engagement für Exzellenz und Innovation hat die Messlatte für den Wettbewerb höher gelegt und andere Teams dazu gezwungen, ihre Strategien und Technologien zu verbessern. Dieses unermüdliche Streben nach Fortschritt hat den Sport vorangetrieben und ihn dynamischer, technologisch anspruchsvoller und weltweit anerkannter gemacht.

Über den unmittelbaren Bereich des Motorsports hinaus hat Mercedes die Automobilindustrie tiefgreifend beeinflusst. Die auf den Formel-1-Rennstrecken verfeinerten Technologien – von Hybridantriebssystemen und fortschrittlicher Aerodynamik bis hin zu Leichtbaumaterialien und digitaler Telemetrie – wurden nahtlos in Verbraucherfahrzeuge integriert. Dieser Technologietransfer steigert nicht nur die Leistung und Effizienz dieser Fahrzeuge, sondern auch ihre Sicherheit und Nachhaltigkeit und spiegelt die Rolle von Mercedes als Innovationsführer im Automobilbereich wider.

Darüber hinaus hat der Formel-1-Erfolg von Mercedes die kulturelle Wahrnehmung der Marke geprägt. Als Synonym für Sieg und Innovation in einer der profiliertesten Sportarten der Welt stärkt

Mercedes sein Image als Symbol für Prestige, Leistung und zukunftsweisende Technik. Verstärkt wird diese Wahrnehmung durch strategisches Marketing und mediale Darstellungen, die den Nervenkitzel der Formel 1 mit dem Alltag eines Mercedes-Benz verbinden.

Das Vermächtnis von Mercedes in der Formel 1 ist daher vielfältig. Sie erstreckt sich über ihren Trophäenschrank hinaus auf ihre einflussreiche Rolle bei der Weiterentwicklung der Automobiltechnologie und der Gestaltung der globalen Autokultur. Die Prinzipien von Innovation, Präzision und Exzellenz, die ihre Formel-1-Aktivitäten antreiben, spiegeln sich im gesamten Portfolio des Unternehmens wider und beeinflussen, wie Autos entworfen, gebaut und vermarktet werden.

Während sich die Formel 1 aufgrund von Veränderungen in Technologie, Vorschriften und Verbrauchererwartungen weiterentwickelt, bleibt die Rolle von Mercedes bei dieser Entwicklung von zentraler Bedeutung. Ihr kontinuierliches Engagement, die Grenzen des Möglichen auf und neben der Strecke zu erweitern, stellt sicher, dass ihr Vermächtnis in der Formel 1 weiterhin nachhallt und zukünftige Generationen von Autos und Fahrern beeinflusst. Im Wesentlichen geht es bei der Geschichte von Mercedes in der Formel 1 nicht nur um die Rennen, die sie gewonnen haben, sondern auch um den nachhaltigen Einfluss, den sie auf den Sport und die Gesellschaft insgesamt hatten.

Kapitel 11: Ein Blick in die Zukunft

Die Zukunft von Mercedes in der Formel 1

Da sich die Landschaft der Formel 1 mit sich ständig ändernden technologischen, regulatorischen und ökologischen Herausforderungen weiterentwickelt, ist das Mercedes-AMG Petronas Formel 1 Team bereit, seine Führungsposition sowohl auf der Rennstrecke als auch im breiteren Kontext der Motorsportinnovation zu behaupten und auszubauen. Mit Blick auf die Zukunft werden mehrere strategische Schwerpunkte den Kurs und das Potenzial des Teams bestimmen, die Zukunft der Formel 1 weiter zu gestalten.

Die Formel 1 wird bedeutende regulatorische Veränderungen durchlaufen, die darauf abzielen, die Nachhaltigkeit zu verbessern und Kohlenstoffneutralität zu erreichen. Zu diesen Änderungen gehören Änderungen an der

Kraftstoffzusammensetzung, dem Design der Antriebseinheiten und der Gesamteffizienz des Fahrzeugs. Die Fähigkeit von Mercedes, sich an solche regulatorischen Rahmenbedingungen anzupassen, wird eine entscheidende Rolle für ihren anhaltenden Erfolg spielen. Das Team hat sich in der Vergangenheit dadurch hervorgetan, dass es neue Regeln als Innovationsmöglichkeiten nutzte, wie während der Turbo-Hybrid-Ära gezeigt wurde, als es durch seine Beherrschung des neuen Motorenreglements als Spitzenreiter hervorging.

Mercedes ist ein Befürworter der Nachhaltigkeit, nicht nur in Übereinstimmung mit dem sich verlagernden Fokus der Formel 1, sondern auch als Vorreiter, der den Wandel hin zu umweltfreundlicheren Rennpraktiken vorantreibt. Ihre zukünftigen Bemühungen werden sich wahrscheinlich intensivieren, um fortschrittliche nachhaltige Technologien wie Biokraftstoffe oder vollsynthetische Kraftstoffe zu entwickeln, die den Kohlenstoff-Fußabdruck reduzieren. Darüber hinaus wird die Erforschung von Verbesserungen bei Energierückgewinnungssystemen und die Steigerung der Effizienz ihrer Hybridsysteme von entscheidender Bedeutung sein, wenn der Sport seine ehrgeizigen Umweltziele erreicht.

Die Herausforderung, innerhalb der Grenzen neuer Regeln und Nachhaltigkeitsziele innovativ zu sein, erfordert ein nuanciertes Gleichgewicht zwischen Kreativität und strategischer Weitsicht. Die nachgewiesene Erfolgsbilanz von Mercedes in Bezug auf technische Exzellenz und strategische Planung versetzt das Unternehmen in eine gute Position, um diese Herausforderungen zu meistern. Die robusten F&E-Fähigkeiten des Teams in Kombination mit dem kooperativen Ansatz mit Partnern und Lieferanten werden für die Entwicklung neuer Technologien und Methoden, die den Vorschriften entsprechen und gleichzeitig die Leistung steigern, von entscheidender Bedeutung sein.

Während andere Teams in Bezug auf Technologie und Strategie aufholen, muss Mercedes seine Wettbewerbsvorteile weiter verfeinern und ausbauen. Dabei geht es nicht nur um Fortschritte bei der Fahrzeugleistung, sondern auch um die Optimierung des Teambetriebs und der Strategie an den Renntagen. Die Fähigkeit, schnelle, datengesteuerte Entscheidungen in der Rennstrategie, bei Boxenstopps und im Fahrermanagement zu treffen, wird weiterhin eine entscheidende Rolle spielen, um ihre Position an der Spitze der Tabelle zu halten.

Die weitere Gewinnung und Entwicklung von Top-Talenten in allen Bereichen des Teams – von Ingenieuren und Strategen bis hin zu Fahrern und Betreuern – wird entscheidend für den nachhaltigen Erfolg sein. Mercedes muss sicherstellen, dass es ein begehrtes Ziel für die besten Köpfe und Talente der Branche bleibt und ein Umfeld des Wachstums, der Innovation und der Exzellenz fördert.

Während das Mercedes-AMG Petronas Formel 1 Team diese zukünftigen Herausforderungen und Chancen meistert, wird erwartet, dass sein kontinuierliches Engagement für Exzellenz, Innovation und Nachhaltigkeit nicht nur in der Formel 1 wettbewerbsfähig bleibt, sondern auch weiterhin die Sport- und Automobilindustrie insgesamt beeinflusst. Ihre Bemühungen, die technologischen, ökologischen und wettbewerbsbezogenen Aspekte der Formel 1 voranzutreiben, werden wahrscheinlich sicherstellen, dass ihr Vermächtnis und ihre Führungsrolle Bestand haben, wenn der Sport in eine neue Ära eintritt.

Aufstrebende Talente und Teamdynamik

Das Mercedes-AMG Petronas Formel 1 Team ist seit langem für sein Engagement für die Förderung aufstrebender Talente bekannt, eine Strategie, die über das Cockpit hinausgeht und den gesamten Betrieb umfasst. Da das Team den Abgang von

Lewis Hamilton im nächsten Jahr erwartet - ein bedeutender Übergang angesichts seines monumentalen Einflusses und Erfolgs - wird sein Fokus auf das Scouting und die Entwicklung junger Fahrertalente noch wichtiger für seine zukünftige Dynamik und nachhaltige Wettbewerbsfähigkeit in der Formel 1.

Das Fahrerentwicklungsprogramm von Mercedes hat maßgeblich dazu beigetragen, junge Talente zu identifizieren und zu fördern, die möglicherweise die Lücke füllen könnten, die ein Fahrer von Hamiltons Kaliber hinterlassen hat. Dieses Programm beinhaltet enge Partnerschaften mit kleineren Teams in verschiedenen Motorsportkategorien, um jungen Fahrern die notwendige Erfahrung und Erfahrung zu vermitteln, um unter den hohen Standards der Formel 1 zu wachsen. Während sich Hamilton auf seinen Abschied vorbereitet, wird die Wirksamkeit dieses Programms bei der Suche nach einem geeigneten Nachfolger, der das Erfolgserbe des Teams fortsetzen kann, besonders genau unter die Lupe genommen. Das Engagement des Teams für Vielfalt und Inklusion in seinen Entwicklungsreihen sorgt auch für eine breite Suche nach Talenten und erschließt einen breiten Pool an Potenzial, um den nächsten Formel-1-Star zu finden.

Über die Fahrerentwicklung hinaus legt Mercedes großen Wert auf seine breitere Teamdynamik und die Integration modernster Technologien in allen Abteilungen. Der Einsatz von fortschrittlicher Analytik und künstlicher Intelligenz in ihren strategischen Abläufen ist ein Beispiel für diesen Ansatz. Diese Technologien verbessern die Entscheidungsprozesse des Teams, von der Rennstrategie über die Fahrzeugentwicklung bis hin zur Analyse der Fahrerleistung. Da sich der Sport weiterentwickelt, wird die Integration dieser Tools wahrscheinlich immer allgegenwärtiger werden, was die Fähigkeiten des Teams weiter verbessert und sicherstellt, dass es an der Spitze der F1-Innovation bleibt.

Investitionen in Menschen gehen über die Förderung von Fahrern hinaus. Mercedes erkennt den Wert seiner Ingenieure, Strategen, Mechaniker und Support-Mitarbeiter an, deren kollektives Fachwissen den Erfolg des Teams vorantreibt. Kontinuierliche Schulungs- und Entwicklungsprogramme stellen sicher, dass das Humankapital des Teams mit den technologischen Fortschritten im Sport Schritt hält. Dieser ganzheitliche Ansatz zur Talententwicklung trägt dazu bei, ein hohes Maß an Innovation und operativer Exzellenz innerhalb des Teams aufrechtzuerhalten.

Der bevorstehende Abgang von Lewis Hamilton wird zweifellos die Teamdynamik beeinflussen und Anpassungen nicht nur in der Teamstrategie, sondern auch in der Führung innerhalb des Cockpits und darüber hinaus erforderlich machen. Der Übergang bietet anderen Teammitgliedern, sowohl Fahrern als auch Mitarbeitern, die

Möglichkeit, neue Rollen zu übernehmen und einen größeren Einfluss auf die zukünftige Ausrichtung des Teams auszuüben. Wie Mercedes diesen Übergang bewältigt, wird entscheidend sein, um den Wettbewerbsvorteil und die Moral des Teams zu erhalten.

Angesichts dieser bevorstehenden Veränderungen wird Mercedes sein langjähriges Engagement für die Förderung von Talenten und die Integration fortschrittlicher Technologien eine entscheidende Rolle bei der Gestaltung seiner Zukunft spielen. Die Fähigkeit des Teams, sich an die sich entwickelnde Landschaft der Formel 1 anzupassen – die Entwicklung aufstrebender Talente mit innovativen Technologien und einer starken Teamdynamik in Einklang zu bringen – wird weiterhin ein grundlegender Aspekt seiner Strategie sein, um nachhaltigen Erfolg in diesem Sport zu erzielen.

Technologische Fortschritte

Der anhaltende Erfolg von Mercedes in der Formel 1 ist eng mit dem Engagement für den technologischen Fortschritt von Mercedes verbunden. Während sich der Sport weiterentwickelt und sich stärker an globalen Automobiltrends und strengen Umweltvorschriften anpasst, ist Mercedes bereit, seine Tradition der Innovation fortzusetzen, insbesondere in den Bereichen der Hybridtechnologie und der potenziellen Entwicklung vollelektrischer Antriebsstränge.

Die Entwicklung der Hybridtechnologie in der Formel 1 war ein Eckpfeiler der Strategie von Mercedes und spiegelt ihre Fähigkeiten bei der Optimierung von Energieeffizienz und Leistung wider. Das Team war stets an der Spitze der Entwicklung von Hybridmotoren und führte Innovationen ein, die nicht nur die Grenzen des Möglichen in der Rennleistung verschieben, sondern auch zu nachhaltigeren Rennpraktiken beitragen. Da Umweltaspekte immer wichtiger werden, wird Mercedes wahrscheinlich noch stärker in die Verbesserung der Effizienz und Nachhaltigkeit seiner Hybridsysteme investieren. Dazu gehören Verbesserungen in der Batterietechnologie, Energierückgewinnungssysteme und die Integration fortschrittlicher Biokraftstoffe und synthetischer Kraftstoffe, die die Kohlenstoffemissionen reduzieren.

Mit Blick auf die Zukunft könnte die potenzielle Umstellung auf vollelektrische Antriebsstränge in der Formel 1 eine bedeutende technologische Grenze für Mercedes darstellen. Mit dem aktiven Engagement in der Formel E hat Mercedes bereits wertvolle Erfahrungen mit vollelektrischen Rennsporttechnologien gesammelt. Dieses Know-how könnte sich als entscheidend erweisen, wenn die Formel 1 Wege zur Integration vollelektrischer Technologien in ihr Format erforscht. Die

Beherrschung dieser Technologien wird nicht nur mit umfassenderen Umweltzielen übereinstimmen, sondern auch sicherstellen, dass Mercedes in einer sich schnell entwickelnden Automobillandschaft wettbewerbsfähig bleibt.

Die Innovationsfähigkeit von Mercedes in diesen aufstrebenden Technologiebereichen wird durch seine robusten technischen Fähigkeiten untermauert. Die Ingenieure und Techniker des Teams sind in der Lage, modernste Forschungs- und Entwicklungswerkzeuge zu nutzen, die es ihnen ermöglichen, komplexe Lösungen zu entwickeln, die die Fahrzeugleistung verbessern und gleichzeitig die regulatorischen Rahmenbedingungen des Sports einhalten. Ihr technischer Ansatz kombiniert strenge Simulations- und Testprotokolle mit realer Datenerfassung und -analyse und stellt sicher, dass neue Technologien unter den anspruchsvollen Bedingungen des Formel-1-Rennsports sowohl effektiv als auch zuverlässig sind.

Darüber hinaus haben die technologischen Fortschritte von Mercedes in der Formel 1 weitreichendere Auswirkungen auf die Automobilindustrie. Innovationen, die auf der Rennstrecke entwickelt werden, finden häufig Anwendung in Verbraucherfahrzeugen und verbessern die Leistung, Effizienz und Umweltfreundlichkeit von Pkw. Dieser Technologietransfer stärkt nicht nur den Ruf von Mercedes als führendes Unternehmen im Automobilbau, sondern trägt auch zum globalen Image der Marke als Vorreiter in Sachen Performance und Nachhaltigkeit bei.

Die Zukunft von Mercedes in der Formel 1 ist eng mit seiner Fähigkeit zur technologischen Innovation verbunden. Da sich der Sport weiter in Richtung nachhaltigerer Praktiken entwickelt, wird das kontinuierliche Engagement von Mercedes für die Entwicklung fortschrittlicher Hybrid- und Elektroantriebe von entscheidender Bedeutung sein. Ihre Fähigkeit, diese technologischen Veränderungen zu bewältigen und gleichzeitig ihre hohen Leistungs- und Zuverlässigkeitsstandards beizubehalten, wird eine entscheidende Rolle bei der Gestaltung ihres zukünftigen Erfolgs in der Formel 1 und ihres Einflusses auf die Automobilindustrie insgesamt spielen.

Strategische Partnerschaften und Kooperationen

Strategische Partnerschaften und Branchenkooperationen sind zentrale Elemente der umfassenderen Strategie des Mercedes-AMG Petronas Formel 1 Teams und spielen eine entscheidende Rolle bei der Verbesserung ihrer technologischen Fähigkeiten und der Ausweitung ihres Einflusses im Formel-1-Sport. Da sich die Wettbewerbslandschaft weiterentwickelt und die technologischen Anforderungen steigen, sind diese Allianzen wichtiger denn je und helfen Mercedes, an der Spitze von Innovation und Leistung zu bleiben.

Mercedes hat in der Vergangenheit Partnerschaften mit führenden Technologieunternehmen genutzt, um verschiedene Aspekte ihres Rennbetriebs zu verbessern. Diese Kooperationen reichen von Datenanalyse- und Simulationssoftware bis hin zu fortschrittlicher Werkstofftechnik und Energierückgewinnungssystemen. Durch Partnerschaften mit Technologiegiganten und innovativen Start-ups nutzt Mercedes modernste technologische Fortschritte, die für Hochleistungsrennen angepasst werden können. Diese Technologien tragen dazu bei, die Fahrzeugtelemetrie, die vorausschauende Wartung und sogar die Analyse der Fahrerleistung zu verbessern und sicherzustellen, dass das Team schnell und effizient fundierte Entscheidungen treffen kann.

Über den Tech-Bereich hinaus arbeitet Mercedes auch mit anderen Automobilherstellern zusammen. Diese Partnerschaften konzentrieren sich oft auf die gemeinsame Nutzung von Forschungs- und Entwicklungskosten und Know-how, insbesondere in Bereichen wie der Entwicklung von Hybridmotoren und der Aerodynamik. Durch die Zusammenarbeit können Mercedes und seine Automobilpartner ihre Ressourcen bündeln, um komplexe technische Herausforderungen effektiver zu bewältigen. Dies beschleunigt nicht nur das Innovationstempo, sondern trägt auch zur Verbreitung neuer Technologien in verschiedenen Anwendungen und Märkten bei und verbessert so die allgemeine Nachhaltigkeit und Effizienz von Automobilprodukten.

Vielleicht weniger intuitiv sind die Kooperationen, die Mercedes mit direkten Konkurrenten in der Formel 1 eingeht. Dazu können Vereinbarungen über die Lieferung von Power Units oder gemeinsame Initiativen gehören, die darauf abzielen, regulatorische Änderungen zum Wohle des Sports zu beeinflussen. Die Zusammenarbeit mit Wettbewerbern kann zu Fortschritten in den

Bereichen Sicherheit, Nachhaltigkeit und Wettbewerbsfähigkeit führen und den gesamten Sport voranbringen. Solche Kooperationen werden oft von den Dachverbänden des Sports erleichtert, um Fairness zu gewährleisten und gemeinsame Ziele wie die Reduzierung des Kohlenstoff-Fußabdrucks des Sports zu fördern.

Durch strategische Partnerschaften erweitert Mercedes nicht nur seine Fähigkeiten, sondern festigt auch seine Position als führendes Unternehmen im Motorsport. Diese Kooperationen führen oft zu synergetischen Durchbrüchen, die neue Maßstäbe für das setzen, was in der Formel 1 möglich ist. Sie erweitern auch den Einfluss von Mercedes über die Rennstrecke hinaus und beeinflussen, wie Rennsporttechnologien in breiteren Automobilanwendungen wahrgenommen und übernommen werden.

Zusammenfassend lässt sich sagen, dass strategische Partnerschaften und Kooperationen ein integraler Bestandteil des Ansatzes von Mercedes sind, die Wettbewerbsfähigkeit in der Formel 1 zu erhalten. Diese Beziehungen fördern nicht nur technologische Innovationen, sondern stärken auch die Rolle von Mercedes als Vorreiter in diesem Sport. Da sich die Formel 1 weiterentwickelt, insbesondere mit zunehmender Betonung von Nachhaltigkeit und Technologie, wird der Wert dieser strategischen Allianzen zweifellos steigen und die zukünftige Entwicklung von Mercedes und des Sports selbst weiter beeinflussen.

Die nächste Generation des Rennsports

Mit Blick auf die Zukunft des Mercedes-AMG Petronas Formel 1 Teams wird sein Einfluss auf die nächste Generation des Rennsports tiefgreifend und facettenreich sein. Dazu gehören die Vorreiterrolle bei Fortschritten in der Autotechnologie, die Neugestaltung des Fan-Engagements und die Leitung von Initiativen zur Bewältigung umfassenderer globaler Herausforderungen wie des Klimawandels. Die proaktive Rolle von Mercedes in diesen Bereichen positioniert sie nicht nur als Konkurrenten, sondern als Pioniere, die das Tempo für die Zukunft der Formel 1 vorgeben.

Mercedes war in der Formel 1 stets auf dem neuesten Stand der Automobiltechnologie, insbesondere mit der Integration von Hybridantriebssystemen und Fortschritten in der Aerodynamik und Materialwissenschaft. Mit fortschreitendem Sport wird sich der Fokus auf vollelektrische Antriebsstränge und weitere Innovationen in den Bereichen Energierückgewinnung und Nachhaltigkeit verstärken. Das Know-how von Mercedes und die kontinuierliche Forschung und Entwicklung in diesen Bereichen werden eine entscheidende Rolle dabei spielen, diese technologischen Entwicklungen voranzutreiben. Ihre Führungsrolle bei der Entwicklung und Implementierung dieser Technologien beeinflusst nicht nur ihre eigenen Autos, sondern setzt oft Trends, die den gesamten

Sport prägen.

Mercedes ist sich bewusst, dass die Zukunft des Rennsports über die Rennstrecke hinausgeht und in den Bereich des digitalen Engagements und der Interaktion mit den Fans reicht. Sie waren Pioniere bei der Nutzung digitaler Plattformen, um mit Fans weltweit in Kontakt zu treten, und boten Inhalte hinter den Kulissen, virtuellen Zugang zu Veranstaltungen und interaktive Erlebnisse. Da die Fangemeinden globaler und vielfältiger werden, werden sich die Strategien von Mercedes im digitalen Marketing und im Aufbau von Gemeinschaften wahrscheinlich weiterentwickeln und neuere Technologien wie Augmented Reality und KI-gesteuerte Interaktionen einbeziehen, um das Fanerlebnis zu verbessern und den Nervenkitzel des Rennsports einem breiteren Publikum zugänglich zu machen.

Einer der vielleicht kritischsten Bereiche, in denen Mercedes die Zukunft des Rennsports beeinflussen wird, ist sein Engagement für Nachhaltigkeit. Das Team hat sich lautstark zu seinen Zielen zur Reduzierung seines Kohlenstoff-Fußabdrucks geäußert und zahlreiche Initiativen zur Förderung der Umweltverantwortung in seinen Betrieben umgesetzt. Da sich die Formel 1 ehrgeizige Ziele setzt, um klimaneutral zu werden, werden die Erfahrungen und Initiativen von Mercedes im Bereich nachhaltiger Praktiken wahrscheinlich eine entscheidende Rolle bei der Gestaltung der Umweltstrategien des Sports spielen. Dazu gehören die Beeinflussung der Brennstoffzusammensetzung, der Materialauswahl und logistischer Ansätze zur Minimierung der Umweltbelastung.

Das Engagement von Mercedes in der Formel 1 geht über den individuellen Erfolg hinaus und trägt dazu bei, Standards und Praktiken zu setzen, die den Sport insgesamt beeinflussen. Ihre Teilnahme an regulatorischen Diskussionen, Sicherheitsfortschritten und Wettbewerbsfairness tragen weiterhin zur Governance des Sports bei.

Indem Mercedes mit gutem Beispiel vorangeht, insbesondere in Bereichen wie technologische Innovation, Nachhaltigkeit und Fan-Engagement, trägt Mercedes dazu bei, die Parameter zu definieren, die die Zukunft der Formel 1 prägen werden.

Das Engagement von Mercedes in der Formel 1 ist ein wesentlicher Bestandteil der Entwicklung des Sports. Ihr Engagement für technologische Innovation, Fan-Engagement und insbesondere Nachhaltigkeit zeichnet sie als Führungspersönlichkeiten aus, deren Einfluss nicht nur ihr eigenes Schicksal, sondern auch die Zukunft des Rennsports weltweit prägt. Während sich der Sport weiterhin an neue Herausforderungen und Chancen anpasst, wird der proaktive und zukunftsorientierte Ansatz von Mercedes zweifellos weiterhin die nächste Generation des Formel-1-Rennsports beeinflussen und Maßstäbe setzen, denen andere in diesem Sport folgen werden.

Schlussfolgerung

Die geschichtsträchtige Reise des Mercedes-AMG Petronas Formel 1 Teams durch die Ränge der Formel 1 zeigt eine Saga des unermüdlichen Strebens nach Spitzenleistungen, bahnbrechender Innovationen und eines tief verwurzelten Engagements für den Sport. Mit einem beeindruckenden Vermächtnis, das durch jahrzehntelangen Wettbewerb geformt wurde, hat Mercedes nicht nur die Strecken dominiert, sondern auch die Maßstäbe dafür gesetzt, was es bedeutet, in der hochoktanigen Welt des Formel-1-Rennsports führend zu sein. Da sich der Sport mit rasanten technologischen Fortschritten, sich ändernden Vorschriften und zunehmendem globalen Engagement weiterentwickelt, ist Mercedes bereit, die Entwicklung der Formel 1 weiterhin tiefgreifend zu beeinflussen.

Mercedes hat bei Innovationen immer wieder an der Spitze gestanden. Da der Sport an der Schwelle zu einem fokussierteren Wandel hin zu Nachhaltigkeit und fortschrittlicher Technologie steht, positioniert Mercedes mit seiner Expertise in Hybridtechnologien und seinen Vorstößen in vollelektrische Antriebsstränge als zentrale Akteure bei der Förderung dieser Veränderungen. Ihr proaktiver Ansatz, neue technologische Bereiche anzunehmen und zu führen, stellt sicher, dass sie an der Spitze des Sports bleiben und die Grenzen dessen, was im Automobilbau möglich ist, kontinuierlich erweitern.

Die Formel 1 ist ein Synonym für Veränderungen, insbesondere für die häufigen Anpassungen des Reglements, die darauf abzielen, die Wettbewerbsbalance, Sicherheit und Nachhaltigkeit zu verbessern. Mercedes hat immer wieder seine Fähigkeit unter Beweis gestellt, sich anzupassen und zu übertreffen, unabhängig vom regulatorischen Umfeld. Diese Anpassungsfähigkeit ist von entscheidender Bedeutung, da der Sport darauf abzielt, seinen Kohlenstoff-Fußabdruck zu reduzieren und umweltfreundlichere Technologien zu nutzen. Die Rolle von Mercedes bei der Gestaltung und Reaktion auf dieses Reglement wird für ihren anhaltenden Erfolg und Einfluss im Sport von zentraler Bedeutung sein.

Während die Formel 1 ihre Reichweite weltweit ausdehnt, ermöglicht die internationale Markenpräsenz und das Marketinggeschick von Mercedes, mit einer vielfältigen und wachsenden Fangemeinde in Kontakt zu treten. Ihr strategischer Einsatz von Medien, digitalen Plattformen und Initiativen zur Einbindung der Gemeinschaft trägt nicht nur dazu bei, den Sport weltweit bekannt zu machen, sondern festigt auch ihren Status als Botschafter des Formel-1-Rennsports. Dieser globale Ansatz verbessert ihre Fähigkeit, neue Talente zu inspirieren und anzuziehen - von Ingenieuren bis hin zu zukünftigen Fahrern - und fördert eine neue Generation, die das Erbe der Formel 1 weitertragen wird.

Das Engagement von Mercedes für Nachhaltigkeit geht Hand in Hand mit ihrem Wettbewerbsgeist. Während sie sich weiterhin für Initiativen für umweltfreundlichere Rennen einsetzen, sind ihre Bemühungen ein Beispiel dafür, wie Leistungssport mit Umweltzielen in Einklang gebracht werden kann. Dieses Engagement wird wahrscheinlich nicht nur die Art und Weise beeinflussen, wie Mercedes in der Formel 1 agiert, sondern auch die Art und Weise, wie der Sport als Ganzes mit Herausforderungen im Zusammenhang mit Klimawandel und Nachhaltigkeit umgeht.

Die Reise des Mercedes-AMG Petronas Formel 1 Teams in der Formel 1 steht sinnbildlich für ein unermüdliches Streben nach Vorherrschaft, das durch eine visionäre Herangehensweise an zukünftige Herausforderungen und Chancen gemildert wird. Ihr dauerhaftes Vermächtnis, das auf einem Fundament aus Innovation, Leistung und strategischer Weitsicht aufbaut, stellt sicher, dass Mercedes nicht nur eine zentrale Figur in der

Geschichte der Formel 1 bleibt, sondern den Sport auch weiter vorantreibt. Mit ihrem kontinuierlichen Engagement für Exzellenz, Nachhaltigkeit und Wettbewerbsgeist ist Mercedes bereit, neue Generationen von Ingenieuren, Fahrern und Fans zu inspirieren und die Zukunft der Formel 1 auf tiefgreifende und nachhaltige Weise zu gestalten.

Über den Autor

Etienne Psaila, ein versierter Autor mit über zwei Jahrzehnten Erfahrung, beherrscht die Kunst, Wörter über verschiedene Genres hinweg zu weben. Sein Weg in die literarische Welt ist geprägt von einer Vielzahl von Publikationen, die nicht nur seine Vielseitigkeit, sondern auch sein tiefes Verständnis für verschiedene Themenlandschaften unter Beweis stellen. Es ist jedoch der Bereich der Automobilliteratur, in dem Etienne seine Leidenschaften wirklich verbindet und seine Begeisterung für Autos nahtlos mit seinen angeborenen Fähigkeiten zum Geschichtenerzählen verbindet.

Etienne hat sich auf Automobil- und Motorradbücher spezialisiert und erweckt die Welt der Automobile durch seine eloquente Prosa und eine Reihe atemberaubender, hochwertiger Farbfotografien zum Leben. Seine Werke sind eine Hommage an die Branche, indem sie ihre Entwicklung, den technologischen Fortschritt und die schiere Schönheit von Fahrzeugen auf informative und visuell fesselnde Weise einfangen.

Als stolzer Absolvent der Universität Malta bildet Etiennes akademischer Hintergrund eine solide Grundlage für seine akribische Forschung und sachliche Genauigkeit. Seine Ausbildung hat nicht nur sein Schreiben bereichert, sondern auch seine Karriere als engagierter Lehrer vorangetrieben. Im Klassenzimmer, genau wie beim Schreiben, strebt Etienne danach, zu inspirieren, zu informieren und eine Leidenschaft für das Lernen zu entfachen.

Als Lehrer nutzt Etienne seine Erfahrung im Schreiben, um sich zu engagieren und zu bilden, und bringt seinen Schülern das gleiche Maß an Engagement und Exzellenz entgegen wie seinen Lesern. Seine Doppelrolle als Pädagoge und Autor macht ihn einzigartig positioniert, um komplexe Konzepte mit Klarheit und Leichtigkeit zu verstehen und zu vermitteln, sei es im Klassenzimmer oder durch die Seiten seiner Bücher.

Mit seinen literarischen Werken prägt Etienne Psaila die Welt der Automobilliteratur bis heute unauslöschlich und fesselt Autoliebhaber und Leser gleichermaßen mit seinen aufschlussreichen Perspektiven und fesselnden Erzählungen.

Er kann persönlich unter etipsaila@gmail.com kontaktiert werden

Milton Keynes UK
Ingram Content Group UK Ltd.
UKHW020317021124
450424UK00013B/1292